U0071540

AQUARIUS

AQUARIUS

AQUARIUS

AQUARIUS

Catcher

一如《麥田捕手》的主角，
我們站在危險的崖邊，
抓住每一個跑向懸崖的孩子。
Catcher，是對孩子的一生守護。

拆解孩子的青春地雷

心理治療所所長
王意中

【推薦序】原來如此的青少年

吳娟瑜

許多父母自己曾經是青少年，但可能記憶久遠，或者是時代情境不一樣，竟然對此時此刻的兒女有了不知所措或咬牙切齒的感覺。

哈——不要說別人家的父母，就說我自己吧！當我的大兒子在青春期有過欲言又止的情形，當我的二兒子在高中階段有過怒目相視的場面，我都以為他們錯了，他們豈可對老媽如此不信任，如此不恭敬。

等到我逐步成長後，我才明瞭一個學習型的家庭就是在不斷碰到親子衝突時，可以一起找到彼此體諒、互相溝通的管道。

如今，我的兒子們和我是無話不談，至於「怒目相視」的情形，二兒子早就在唸大學時向我說「對不起」。我曾經問他：「為什麼你在唸國中、高中時，成天找我麻煩？你為什麼不找學校老師、同學、爸爸、哥哥……的麻煩，卻專門跟我作對？」

二兒子回答得很妙，他說：「一來，妳超嚕嗦的；二來，妳比較好欺負……」說到這裡，我快變臉了，他趕緊補上一句：「媽，不好意思啦！就是青春期嘛！人的情緒變得莫名其妙，也真的是很不懂事……」

青少年需要「轉大人」

原來如此！原來青春期的孩子就是會有些不可理喻的表現，加上現在的青少年，比起五年前、十年前、十五年前、二十年前……他們接觸了更多3C產品、更多資訊污染、更多偏差價值觀，以致當父母忙於生計、忙於籌貸款、忙於準備學費時，他們在寂寞、落單、不被了解的情況下，和父母、和家庭就越走越遠了。

你說，一個提早入社會大染缸的青少年，他又要如何自我把持、自我釐清呢？

這也是王意中心理師為什麼要寫作本書《拆解孩子的青春地雷》的原意，他也因為有多年諮商青少年的經驗，連帶地和許多父母一起討論、一起研究對策，終於找到「四十五種孩子最常見的叛逆，兩百五十七個解決良方」。

充滿理想和熱情的王心理師提醒父母——當孩子在青春狂飆叛逆期，出現了愛頂嘴、不吭氣、常作對、晚歸、不停上網的現象……代表他們在「轉大人」過程中的行為凸搥，而這時候也正是父母需要重整腳步、提前預防、及時改變的好時機。

所以，王心理師在書中建議父母許多好方法，例如：協助孩子找到優勢力，因為每個孩子都有他個人的「精采故事」。例如：當孩子愛講手機時，則需建立「使用者付費」的觀念，甚至改用FB、LINE、skype和同學聯絡；又，例如：「菸抽個不停」、「三字經不離口」、「涉足不當場所」、「與人同居」、「網路成癮」等等，王心理師都有協助父母「自我改變」的思維和做法。

青春期的孩子肯定是會成長、會改變、會懂事的，因為，只要父母「自我反省」的速度再快一點，「自我覺察」的能力再強一點，孩子就會隨著父母的「自我改變」，也跟著改變了。

父母不要再「錯過」

有一回，一對夫妻在我演說後來問我：「為什麼兒子回到家一句也不肯說，如果我們多說幾句，他把門甩了，就跑出去找同學，甚至徹夜未歸？」

深聊之後，才知道兒子青春期時，父母忙於事業，家中長輩又管不動孩子，結果兒子結交了一群吃喝玩樂的朋友，他完全不喜歡學習，也不聽家人的話，做什麼事都是我行我素。

我還記得很清楚，那位爸爸面露憂戚，一邊安慰掉淚的老婆，一面告訴我：「吳老師，我們很後悔，顯然我們錯過了和孩子共同成長的黃金時刻。」

沒錯，引領孩子轉大人、變成熟、變負責任，這其實是有個重要的timing，當他大聲說：「不！」當他轉身離去，當他面紅耳赤爭辯，當他徹夜輾轉難眠，當他默默掉著眼淚……這些都是青春期的孩子出現了身心情緒變化，為人父母不要被表面的發飆、掉淚所蒙蔽，誠如本書作者王心理師所說：「想一想，親子之間，我們是說多聽少？還是說少聽多？面對青春期的孩子，調整一下互動的方式，讓我們的耳朵、我們的心靜下來聆聽眼前孩子的聲音。」

本書不但適合父母閱讀，也適合子女共同閱讀，因為書中許多青少年的實例，會讓孩子看了會心一笑，或心生警惕。而且王心理師著筆輕鬆、語句詼諧、建議專業，在不說教的字句中，全家人都可以找到自行改進的具體方法。祝福閤家歡喜成長哦！

（本文作者為國際演說家，公視《爸媽囧很大》節目顧問／專家來賓）

【自序】青春叛逆的奇幻旅程

叛逆像是一瓶神奇的藥水，被改變之神悄悄地倒入青春期孩子成長的河流中。突然之間，河水時而湍急奔流、時而波光粼粼、時而滾滾滔滔、時而涓涓細流。但這叛逆舉動，讓方舟上的年少主角知道，自己即將順著水流往大海的方向前進。因為，一個獨立、成熟、卻又模糊的自己，正在海上的某個島嶼等著。

只是這瓶叛逆之水，對於父母來說，成分不明、標示不清、保存期限也模糊。這時，父母心裡多少暗想著要把叛逆之水偷偷地藏起來，免得孩子在改變的過程中，壞了在自己心中的模樣。畢竟，叛逆之水太具有威脅性，特別是它正面挑戰了父母長期的教養慣性，而讓父母擔心自己無法掌握孩子前進的方向。

當叛逆的元素加進了成長的河流，頓時讓青春期的孩子開始漸漸啟動自我認同的旅程。只是水勢有時多變，河道時而寬敞、時而狹窄，從上游至下游又有太多的分支流，孩子在自我認同的旅途中不時遇見叉路阻礙，船身碰撞岸邊石頭的同時，也讓岸邊觀看的父母心驚膽跳。

這時，在行舟的旅程中，你可能會驚訝於孩子怎麼突然變得這麼多意見、不和你說話、愛作對、造反、唱反調、懶得解釋、不回話，動輒情緒不爽或狂飆或嫌你囉嗦，甚至自我傷害。

這和你的預期，當然完全不一樣。

青春叛逆的奇幻旅程，繼續。這時，孩子對於自己的想法也愈來愈有主見，也開始想要試試自己獨身駕舟的功力。這時，他會期待你的手能夠暫時放開，讓他自己來體驗這冒險、探索的過程，當然也期待如此的轉變能夠被岸上的你看見。

無論是孩子對於尊重想法的堅持、抱怨沒有人了解他／她、「我不是你的複製品」的吶喊、在志願選填、住校與否的立場表達、不要拿我來比較、不出房門、肖像權的捍衛、染髮的展現、「我不是小孩子、我終於做到了」的呼喚，或消極負面地自我放棄，都是為了讓你看見。

雖然常常令你不以為然，甚至於有時為他捏一把冷汗。心想，聽父母的意見不就好了嗎？但，這其實就是孩子蛻變成大人的必要過程。

在這一段青春行舟的河流上，總是能夠遇見駕著不同造型的同儕獨木舟，展現自己青春的身手、綻放自己獨特的風格。這時，你會發現孩子對於同儕的關注、對於朋友意見的探詢，會勝過於在岸上的你。無論是討論槳的拿法、前划、後划、側划、轉彎動作或低手平衡等技巧，也是以同儕的意見為參考。

所以，當你批評朋友、偷看LINE與FB，這已明顯地踩到孩子的地雷，反彈在所難免。因朋友換學校、崇拜偶像、想當老大、當遲到及缺課、愛吹牛、愛講手機、滿腦子只想玩，這些舉動也以獲取同儕的目光為優先。

或許你會納悶，有所失落，甚至於疑惑，朋友真的有那麼重要嗎？

面對孩子駕著獨木舟，往大海的方向冒險、探索，或許你心想著幹嘛要費這麼大的勁、冒這麼大的風險？畢竟在湍急的河流中，處處布滿危險。為什麼不乾脆上岸，換坐父母親自駕駛的房車，安穩地沿著河岸、順著迂迴的公路，往出海口的方向前進，不就好了？

但是，面對青春期孩子離經叛道的行為，例如變邋遢、無照騎車、網路成癮、亂花錢、抽菸、暴力相向、偷東西、三字經不離口、涉足不正當場所、與人同居或發生性關係等，與其要求孩子離開獨木舟，上岸搭你的便車，倒不如自己也親自下水、練習如何駕舟，甚至於和青春期孩子一同划槳，往大海的方向尋找自己。你的改變，孩子會看見，也會跟著改變。

感謝寶瓶文化朱亞君社長兼總編輯的熱情邀約，讓我有機會從各種不同面相來探索青春期叛逆這件事，透過文字，完成《拆解孩子的青春地雷》這本書。這本書融合了我自己多年來青少年心理諮商與治療、父母親職教養與校園心理諮詢等臨床實務經驗，期待透過閱讀這本書，讓親子之間對於青春期孩子的叛逆可以有全新的詮釋，同時父母也可以與孩子一起探索、發現、認識內在的自己。

謹將此書獻給老媽、老婆與姵涵、翔立、涵立三好米寶貝，感謝我親愛的家人在本書的書寫期間，在蘭陽平原上，無條件的陪伴、支持、鼓勵、加油與耐心等候。最後，感謝青春成長的叛逆相遇，讓我的生命更飽滿、更多元、更豐富。

目錄

拆解孩子的青春地雷

輯二　**青春期孩子正在「轉大人」，期待被看見**

目錄

拆解孩子的青春地雷

輯一

在叛逆行為背後，青春期孩子正面臨「自我認同」過程

面對青春期孩子的叛逆，需要提醒自己關於孩子自我認同這件事。青春期的孩子心中正蠢蠢欲動地思考「我是誰？」「我是一個什麼樣的人？」「我想成為什麼樣的人？」的醞釀階段。只是，對於眼前這個「自己」孩子本身是相當模糊的，通常也說不出個所以然來。

這時，脫離你預期的常軌，試探與碰撞你的界線，也自然而然透過叛逆來表現。例如嫌你囉嗦、有意見、不和你說話、造反、愛作對、唱反調、懶得解釋、不回話、情緒不爽，或消極負面地自我傷害等等。

請試著轉換看待叛逆的角度，感受孩子那自我認同的渴望，接納青春期孩子的成長叛逆。當你掀開叛逆這幕劇，仔細探索年少主角的內心轉折，靜心思考青春期孩子透過叛逆行為所要傳達的成長訊息，我想，你對於叛逆就不至於感到如此地煩惱、焦慮、擔憂、無助。

當自我認同透過叛逆來呈現，這時，叛逆就不會只是你想去除之惡。反而，透過這些行為的展現，你將有機會和青春期孩子一起認識與形塑心目中的自己。

困擾一
我的孩子變叛逆了嗎？

「我就說嘛！從小六到國中，雖然才隔兩個月，但一個孩子的轉變就是在這個時候。你看，我說得準不準？小勝不就開始叛逆了。現在滿口三字經、脾氣暴躁、為所欲為。你看，和我之前說的一樣，就是這麼一回事，國中生都是一個模樣。」

說真的，對於小勝爸的反應，媽媽還是感到有些遲疑。「說這麼準有什麼用？孩子現在開始叛逆了，那到底該怎麼辦？總不能眼睜睜地看著他一路壞下去？」

「怎麼辦？我哪能怎麼辦？叛逆不就是那麼一回事，哪改得過來。」「這麼說還得了，那不就舉白旗投降？什麼都不做？」「我哪沒做？該說的我都說了。你看，我跟他警告多少次，叫他說話時先讓腦袋停頓一下，想清楚再說，但還不是滿口粗話，真的不知道從哪裡學來這些亂七八糟的東西。」小勝爸有些不以為然地抱怨著。

「可是小勝爸，孩子升上國中之後，說話是太離譜了點，只是除了可能學來這些粗話，有時我一直在想，到底是什麼樣的因素，會讓小勝轉變成這樣？他說這些粗話到底是想幹嘛？是想告訴我們什麼？」

「啊！叛逆不就是這樣？」

「叛逆、叛逆，說叛逆就可以解決問題嗎？這不就像有人常常說是個性問題一樣，每回只要這麼一說就什麼都沒變。什麼家庭問題？學校問題？社會問題？都是一樣的情況，歸咎到這裡來什麼都是無解。我們除了只能唉聲嘆氣說：『唉！我的孩子叛逆了』之外，難道都沒有解決問題的方式嗎？」說到這，小勝媽情緒顯得明顯激動了些，因為她實在是不想坐以待斃，面對孩子叛逆這件事。

小勝媽對孩子的教養比爸爸積極許多，只是自從孩子高年級到現在，外加課後的補習班，其實父母倆與小勝的相處時間顯得愈來愈少。小勝媽總是覺得哪裡怪怪的，但說不出個所以然來，直覺隱約有一種陌生的氛圍橫在親子的關係之間，隨著孩子花更多的時間在學校、在補習班裡，這種愈來愈少相聚的時刻，陌生感就愈來愈強。

小勝媽心想，「這孩子我懂他嗎？如果懂，那是多久以前的他？」

因為叛逆，小勝媽決定要藉由這個時刻，好好的來認識正在成長中的孩子。青春期，一段號稱孩子最狂飆的風暴叛逆期。

青春期，親子相處訣竅

訣竅001　自我實現預言？
訣竅002　難纏的兩歲娃
訣竅003　人不叛逆枉少年？
訣竅004　我對叛逆了解多少？

訣竅001

自我實現預言？

人的想法很微妙，當你認為孩子就是會叛逆，有意思的是，孩子的表現就持續往你所預期的方向走。你可能會疑惑：「為什麼會這樣？為什麼會被我猜得這麼準？」與其說你有自我實現預言的功力，倒不如說，是我們的管教與對待孩子的方式，讓我們迅速地將青春期孩子推向叛逆這條線。

當我們認為孩子一定會叛逆，這時你可能很自然地就認為孩子嗆你會是理所當然的一件事，但是我們自己可能忽略了應該對孩子該有的尊重。對於孩子的情緒狂飆，我們把他推向：「唉！青少年的情緒不就這麼一回事。」這時，你可能就忘了去了解這些風暴背後所隱含的訊息。

當父母凡事將問題歸咎於叛逆，而在管教上沒有任何的調整或改變，這時你可能就需要有心理準備，真正的叛逆將長期在這親子關係上，衝撞、滋生。不要被簡化的叛逆模糊了你應該對孩子的了解。

訣竅002

難纏的兩歲娃

沒錯，別懷疑。請回想，當你面對兩三歲的幼兒時，他的叛逆雛形已開始讓你擁有全新的教養體驗。你可能會想：「叛逆，不都是青少年的專利嗎？怎麼現在連兩三歲的孩子就已經開始提前兌換使用，還用得很順手？」叛逆，有時真的不用等到青春期。雖然每個父母對於叛逆的解讀不一樣，但至少兩三歲的幼兒已經開始讓你嘗鮮。

但是，當孩子的成長真正來到青春期，叛逆這兩個字，就真正地在提醒著我們該是來認識你眼前孩子的時候了。錯過這個黃金階段，你將會發現孩子將離你漸行漸遠，心裡的感覺將隨風而逝。有些事，現在不做，以後真的就很難做。而叛逆這議題也正在告訴著你。

訣竅003

人不叛逆枉少年？

叛逆對於青春期孩子來說，是非常容易遇見的成長課題。當然叛逆並不等於壞，雖然對於許多父母來說並不愛。

這不愛，有時是來自於對叛逆的誤解，容易偏頗地以偏概全，認為叛逆就是頂嘴、嗆聲、作對、反抗、不順從、偏差行為等，而讓父母心生厭惡或恐懼叛逆這檔事。

但叛逆其實反映著，青春期孩子正經驗一段刻骨銘心的自我認同過程，在這段崎嶇坎坷的成長迂迴的路途上，是需要被認識、被了解、被認同、被接納。

叛逆有時就像一種變形蟲，它正以各式各樣的姿勢，或明或暗地來提醒著我們請正視孩子的改變。有時孩子全新的自己仍然在成形中，甚至於有些孩子渴望創新、做自己，這些都讓父母對於叛逆刮目相看。

請別只看到叛逆的表面，特別是不要被張牙舞爪的叛逆所嚇到。請別把叛逆污名化，叛逆不等於暴力，叛逆不等於行為偏差，叛逆所涵蓋的範圍不會只是這樣的片面化。叛逆是一道成長的問題解決過程，叛逆讓孩子學習知道自己要什麼、自己是什麼，我知道我是誰。

訣竅004

我對叛逆了解多少？

請停下來思索隱藏在叛逆之後的成長風情。請停下來自我覺察對於叛逆所衍生的情緒反應，到底是哪些想法決定你對於叛逆的看待。

當然最好隨時自我提問：「我對叛逆了解多少？」「我對眼前的孩子了解多少？」「我是否可以透過叛逆這件事更進一步了解我的青春期孩子，甚至於進一步調整與改善彼此的關係？」

困擾二

當孩子嫌囉嗦

「你有完沒完啊！囉哩叭嗦的，待會兒就收，急什麼急？衣服掛在椅子上是礙到你是不是？真的是更年期到了！無理取鬧。」小翎一臉不以為然地把上週剛買的那件PINK從客廳的椅背上收起來，邊搔頭邊走回房裡。

「什麼我囉哩叭嗦，自己的東西不收拾好，亂丟亂放，哪像個女生的模樣？吵著要穿什麼PINK，還不是一副邋遢的德性。」

「你不要人身攻擊？自己不會打扮，亂搭衣服的歐巴桑有什麼權利指指點點？」

「天啊！你這個孩子是怎麼搞的，現在說話都這麼嗆！哪邊給我學來的？這些話如果被你爸聽到你就完蛋了。」

「完什麼蛋？是你自己說話不得體還怪我？我愛穿PINK關你什麼事？衣服愛先掛在椅子上又怎樣？爸爸不是常下班回來也是這樣？」「我衣服不是不收，只是先掛著。你就在那邊念念念，你不覺得煩嗎？誰受得了？你愈講我就愈不想收，懂嗎？」

小翎的說話語氣與字眼，讓媽媽突然感到像是面臨一場震撼教育。心想，「才國二就這樣，那以後還得了？這是我以前認識的小翎嗎？」媽媽頓時無語。

但小翎媽知道，孩子對於爸爸的態度似乎是另一套標準，自己也一直在想為什麼會有這樣的差別待遇。

「哇！我的美少女，這件PINK穿在你身上真的是大大展現它的存在耶，俏皮、可愛喲，這件的流行線條和你的自信風格太搭了。」

有時，自己都覺得小翎爸故意在討好孩子。但是，小翎似乎就是吃這一套。就連爸爸請她收拾，也看她微笑著二話不說就把衣服收進房裡。「奇怪，難道叛逆還有叛二分之一的？還是孩子只挑人，只挑我這個家政婦作對？」小翎媽心中狐疑著。

當然，媽媽自己也曾自問為何小翎似乎變了一個樣。這個樣，不能說不好。從小五開始她似乎有自己的主見，只是情緒的起伏與說話的態度，讓自己感到很不自在。

這種在心裡彆扭彆扭的感覺，媽媽多少知道有一部分來自於自己與孩子的距離似乎有漸行漸遠的態勢。小翎媽一直認為孩子的態度應該自己要改，而不是什麼都讓她為所欲為。只是這樣的要求似乎對小翎起不了作用，這也開始讓媽媽見識到青春期的叛逆所帶來的強風豪雨，只是為什麼對先生來說卻是風和日麗呢？這一點，小翎媽到現在還是無法釋懷。

青春期，親子相處訣竅

訣竅005 老掉牙俱樂部
訣竅006 重點在哪裡？
訣竅007 囉嗦反射鏡
訣竅008 親子角色互換
訣竅009 你知道在說什麼嗎？
訣竅010 關愛，誰說了算？

訣竅005

老掉牙俱樂部

我們總是容易忽略一件事，當孩子對於父母說的話開始不斷搖頭時，我們是否覺察到自己已經不知不覺地免試進入「老掉牙俱樂部」？為什麼說了這麼多沒用，我們還是繼續說？在這俱樂部裡，我們不斷地重複說著對孩子產生不了作用的話，一遍又一遍像跳針般說著。

說真的，如果用說的有用，那麼應該說一次就夠了。只是我們有沒有想過「為什麼我要講這麼多次？」

當然你可能會抱怨「是孩子一直說不聽，才讓我講那麼多次！」有時，看似孩子的叛逆，或許也正在提醒著我們該練習覺察自己的親子管教方式。遠離老掉牙，先從不囉嗦做起。

訣竅006

重點在哪裡？

「講重點！」這常常是青春期孩子希望父母在說話時，弄清楚的一件事。孩子覺得囉嗦，常在於我們說得太多，無法停止，像一部壞掉的CD Player一樣。

好吧！讓我們來想想三十秒的廣告需要多少錢？嗯，就當作是買廣告一樣，因為貴，所以我們就得挑重點講，最好一句slogan讓孩子（消費者）印象深刻。所以，在講之前，請先想想，我要表達的重點在哪裡？請清楚聚焦在這個重點，讓說話用在刀口上，句句關鍵。

訣竅007

囉嗦反射鏡

常說，孩子是父母的一面鏡子。當耳邊不時傳來孩子對自己抱怨「囉嗦」，到底讓我們想到什麼？我們是否有仔細靜下來思考「囉嗦」這兩字，到底要告訴我們什麼事？有時，是在提醒著我們請調整說話方式。有時，是在告訴我們請改善看待孩子的角度。

想想看，你也喜歡別人對自己囉嗦嗎？我想答案應該很明確，那就是「不，絕不！」

沒錯，當我們不喜歡別人這麼囉嗦對待自己，同樣也該提醒自己不要這麼做。己所不欲，勿施於人。這句老生常談的話，我想可以試著作為禁止囉嗦的提醒。

訣竅 008

親子角色互換

或許和孩子來一場親子角色互換，讓孩子扮演一日媽、一日爸的角色。人很微妙，當站上了那個位置，取得了那個角色，或許我們也很容易就做出那個人所做的事。嗯，囉嗦這回事也是一樣，孩子會變成我嗎？

訣竅 009

你知道在說什麼嗎？

我們總是不容易看到自己，或許哪天試著將手機的錄音裝置開啟。將自己對孩子所說的話錄下來，再撥個時間，仔細靜下來聆聽自己所說的話。無論從語句、語調、音量，仔細去察覺孩子所謂的「囉嗦」到底是怎麼一回事，同樣的一句話，我們講了多少次。

找出當中的蛛絲馬跡，當然這是一場非常具有自我挑戰的嘗試，但卻是最容易成功的一件事。因為當你選擇這麼做了，你已經開始試著練習自我面對與覺察。一句話說完，停歇，試著給孩子一些餘裕的時間消化、沉澱。

訣竅010

關愛，誰說了算？

你可能會疑惑：「為什麼孩子總是感受不到父母對他的關愛？反而抱怨父母老是愛囉嗦。」「這一切都是為了你好，但為什麼你感受不到？」請提醒自己，在施與受之間，請勿傾向一廂情願。

如果孩子不認為多說、多提醒是一種關愛，那我們可能真的是需要提醒自己該改變對待孩子的方式。

想想為什麼囉嗦會改變孩子的叛逆？還是囉嗦不知不覺也催化著孩子的叛逆出現？

困擾三
孩子總是有意見

「大瑪爸，你有沒有發現孩子這陣子意見突然變得很多，這到底是好事還是壞事啊？老師最近也一直提醒我要注意他的改變，那到底回家是要注意什麼啊？」大瑪媽面有難色地問著老公。

「有意見不是比較好嗎？我們不是常常要求他多說說自己的看法，怎麼現在他愛說了，反而做大人的卻開始擔心起來？」

「但是感覺還是有些不太一樣，以前是我們問，希望他答。但現在卻變成是我們沒問，他卻劈哩啪啦講了一堆。而且你有沒有發現，他說的、提的、認為的都和我們的意見相反耶，這該不會是大瑪這孩子開始叛逆了？」

「這我倒是不擔心，反而樂觀其成，能夠表達自己的主見不是更成熟嗎？你這個做媽的不是常老是要孩子長大一點、像樣一點。現在他能夠說，我倒是覺得還真有那小大人的模樣，至少七八分熟啦！」大瑪爸笑笑地說著，倒是一旁的媽媽還是滿臉狐疑。

「你都不會擔心大瑪叛逆喲？」「叛逆？叛逆有什麼好擔心的，我到現在都還在叛逆呢！叛逆我的公司，叛逆我的主管要求，叛逆這個社會給的束縛。哈！但是我不是背叛公司喲，當然也不會背叛你啦！」

「拜託，我很正經地跟你討論，你卻在這裡胡說些什麼？」大瑪媽嘟著嘴，瞪了大瑪爸一眼。

「好啦！好啦！不跟你開玩笑啦！其實，我也沒在胡扯，叛逆本來在成長過程中就是很自然的一件事，特別是到了大瑪青春期這個階段更是明顯。倒是你也別讓叛逆這兩個字給嚇壞了，叛逆不見得都是壞事啦。」大瑪爸一改正經地說著。

「唉呦，我也有些搞不清楚，愛頂嘴、話多、有意見、自以為是，這些到底怎麼區分。倒是我們家大瑪除了意見變多之外，情緒還算平穩啦。我以前總是在想，叛逆孩子的情緒應該會像超級強烈颱風，但現在從大瑪身上看起來，這一點似乎並不明顯。哈！他在情緒上倒是像個熱帶性低氣壓。」說著說著，大瑪媽也自顧自地笑了起來，特別是對於「熱帶性低氣壓」這個形容詞的運用，自己也還滿得意的。

叛逆，到底如何呈現在我們的眼前？讓我們繼續看下去。

青春期，親子相處訣竅

訣竅011 叛逆催化父母的改變

訣竅012 叛逆調整我們看待孩子的方式

訣竅013 叛逆就是不聽話、愛頂嘴？

訣竅014 關於意見，我們在捍衛什麼？

訣竅015 找出意見中的好點子

訣竅016 為想法的出現而高興

訣竅 011

叛逆催化父母的改變

我們總認為孩子應該要改變，但卻忽略了為人父母的改變似乎會比較快。叛逆兩個字，是否馬上讓你連結到孩子似乎如脫韁野馬管不住，即將往未知的方向奔馳而去，讓你感到擔心與害怕，甚至於想到叛逆就直接認為孩子是否被教壞了、被帶壞了、變壞了。

孩子管不動，父母開始感到恐懼，但你是否知道自己在恐懼什麼？其實，這當中有很大的一部分是眼前孩子的成長似乎離我們原先的印象愈來愈陌生。但我們原本的印象是否就真實地反映出孩子的本質呢？

訣竅 012

叛逆調整我們看待孩子的方式

叛逆兩個字，或許也在衝撞著我們該改變看待孩子的方式。這當中，包括著我們對孩子的信任，及願意放手多少。孩子當然需要能夠自己思考，但這股自我成長的水流，我們是不是不應該阻擋，而是適時協助、引導孩子。

叛逆就像是一本書，一本讓父母重新認識孩子的書。

但是叛逆真的就只是如此嗎？面對叛逆，我們難道真的就只能採取武裝的態度面對？不能用更優雅自在的心情看待嗎？

你是如何看待叛逆，這當然也就決定你自己準備採取什麼樣的教養方式與親子態度因應。但我們真的了解叛逆的意義嗎？

訣竅013

叛逆就是不聽話、愛頂嘴？

有時，你會把不聽話歸咎於孩子的叛逆。但是，我們可以試著停下來想想，對於自己來說，「聽話」這兩個字，所代表的意義是什麼？對於青少年所要傳達的訊息又是什麼？

聽話，我們的控制感多一些，當然心裡頭也較安心一些。順著大人的想法走，要求做。導航導向國道五號，你就別想繞台9線走北宜公路，或者蜿蜒濱海公路到宜蘭。告訴你直走忠孝東路，就別想繞到巷子裡，或往地圖上的其他道路走。

聽話，父母說了就對了。聽話，父母就感到被尊重了。但很抱歉，青春期的孩子與其說不聽話，倒不如說明顯有自己的想法。只是這個想法或許對你陌生，和你的意見大相逕庭，而直覺讓你感到孩子不聽話。

訣竅 014

關於意見，我們在捍衛什麼？

當我們舉起盾牌，甚至於警告標語，這時我們到底在捍衛什麼？想想「為什麼孩子的意見讓你有意見？」「為什麼我聽不下孩子的意見？」「為什麼總是我說了算？」請仔細聆聽孩子所要傳達的訊息，也請開始張開雙臂，迎接孩子期待長大的想望。

訣竅 015

找出意見中的好點子

孩子有意見，讓我們看見孩子的想法在形成。但太有意見，多少也讓我們感受到孩子正在學習如何比較、判斷與決定不同意見之間的拿捏。面對如此的叛逆，你真的不要期待想要有壓倒性的勝利。你愈顯得對輸贏的在意，少了傾聽、接納的態度，孩子就更容易想要駁倒你的意見。

聽聽看這些意見，找出孩子意見裡的重要關鍵，我想一定有許多好點子在裡面。

訣竅016

為想法的出現而高興

愛頂嘴，轉個彎想，我們應該感到高興的是孩子終於漸漸能夠有自己的想法，甚至於能夠慢慢練習表達出他的意見，這會是好事一件。

常在演講中，和父母與老師分享，與其孩子安靜地什麼都不和我們說，倒不如期待他嗆出來。雖然「嗆」在態度上仍然有許多可以轉圜調整的餘地，但至少也是一種表達，可以讓我們覺察在親子關係上，可以進一步改善的地方，也讓我們多了解孩子一些。

困擾四
當孩子情緒狂飆

「你幹嘛動我的東西，出去……出去……」隨後門被用力一甩，發出砰的一聲，只留下一臉錯愕的瑞誠媽。

「誠誠、誠誠，你聽媽媽講……」

「不要叫我誠誠！」媽媽話還沒說完，房內的瑞誠聲嘶力竭、激動地叫著，連在一樓看新聞的爸爸都面有難色地被這莫名的反應給喚了上來，「瑞誠這孩子是在幹嘛？吼什麼吼？」

「沒事、沒事啦！是我不對，沒經過他的允許，私自整理了他的電腦桌。」瑞誠媽試著緩和一下門裡門外的硝煙氣氛，並輕推著瑞誠爸的背往樓下走。

房間內仍不時傳來乒乒乓乓的聲響，這回又惱怒了瑞誠爸，轉身欲上樓，「你有完沒完啊！使什麼性子！不要太過分，我告訴你。」瑞誠媽不時撫著先生的背，亟欲將他帶離這火藥庫，因為她知道瑞誠爸也是一顆不定時炸彈。

只是瑞誠媽心有疑慮地想著「這孩子到底是怎麼了？以前的他個性像溫馴的小綿羊，好得很。但怎麼一升上國中，脾氣就變了一副模樣，像著魔似的，連我都快不認識眼前的他了。」

當然，瑞誠剛剛的發飆並不是第一次。只是媽媽有時會感到一頭霧水，「我真的不知道這孩子的地雷到底在哪？」或者說，對自己來講，「誠誠這孩子現在幾乎處處是地雷。」這讓媽媽在與瑞誠互動時，顯得戰戰兢兢，常常捏了一把冷汗，就怕自己誤踩這孩子的情緒地雷。

「奇怪，好心幫他整理電腦桌，有必要發這麼大的脾氣嗎？誠誠不是從小就習慣叫到大的小名嗎？這麼叫不是更親暱？他為何這麼激動呢？」瑞誠媽仍然百思不解。

樓下客廳裡，仍隱約聽見二樓瑞誠的房裡幾近歇斯底里的喊叫聲。媽媽很想上樓安撫瑞誠的情緒，但她現在只能先被迫留在一樓，讓眼前的老公怒氣先消除。而不敢貿然上樓還有一個原因在於，她知道，「唉，如果現在我上去敲門，我看可能只會更激怒誠誠吧？」瑞誠媽無奈地嘆口氣，因為就這陣子的經驗，在孩子情緒激動的當下，自己試著維持對他最少的刺激，或許是讓瑞誠情緒降溫的最佳選擇之一。

只是孩子的這波激動情緒需要多久才能緩和下來？瑞誠媽也沒個譜，她心想：「難道這就是進入青春期的代價？」

青春期，親子相處訣竅

訣竅０１７ 叛逆遇見情緒失控
訣竅０１８ 情緒寬容值
訣竅０１９ 地雷在哪裡？
訣竅０２０ 萃取成功經驗值
訣竅０２１ 禁止火上加油

訣竅 017

叛逆遇見情緒失控

我們有時很容易把孩子的情緒失控、發飆、亂發脾氣一致歸咎於他的叛逆，但有時這會是兩件不同的事。沒錯，青春期的孩子面對生理荷爾蒙等變化，往往在心理上很容易激起莫名的波濤洶湧。

但如果我們忽略了這些情緒呈現可能存在的其他原因，無論是孩子可能在壓力因應與調適上出了狀況，所呈現出焦慮、憂鬱等現象。或者有些孩子受困於情緒障礙，例如注意力缺陷過動症、憂鬱症、躁鬱症或精神分裂症等所呈現的情緒反應，而只是一味地歸咎於「叛逆」兩個字，就很容易錯過孩子情緒的協助與介入的關鍵時刻。

因此面對青春期孩子的情緒狂飆，特別留意除了自覺孩子叛逆之外，可能還存在著哪些需要被協助的地方。無論是源自於孩子的學業、人際、生活、未來等壓力。

訣竅 018

情緒寬容值

面對荷爾蒙的波動變化，青春期的孩子有時連自己也搞不懂自己的情緒為何如此狂飆。你會發現孩子的反應怎麼比兒童時期更加劇烈，而深感納悶。試著給孩子一些情緒的寬容值，對於青春期孩子的反應多些接納的彈性、多些容忍度，多一些貼心的包容，同時給予孩子多一些時間讓情緒平復。但有一個重要前提是，孩子的情緒狂飆必須是在安全的範圍內，包括不能讓自己或他人受傷或明顯破壞，或觸犯法律規範。

訣竅019

地雷在哪裡？

「我是否知道孩子的情緒地雷在哪裡？」試著問問自己，這麼做對於了解孩子的情緒為什麼會狂飆是有所幫助的。有時，我們不自覺地會踩到孩子的情緒敏感區域，例如對於青春期的孩子仍然叫著小名，或未經過孩子的允許，私自動了他的物品等。

請先不要抱怨「為什麼孩子的地雷這麼多？」而是讓自己先思考「為什麼明知這些是孩子的地雷，但是仍要去踩？」青春期的孩子或許遍布情緒地雷，但至少有一件事情可以先試著做——繞過地雷，遠離引爆。

訣竅020

萃取成功經驗值

或許你一直苦惱該如何才能緩和孩子狂飆的情緒，與其如大海撈針般毫無頭緒，倒不如回想，在過去經驗裡，孩子情緒舒緩下來時，通常是在什麼情境。

這需要你靜下心來想一想，同時將這些情境條列地寫下來。你可以萃取這些成功的經驗值，讓類似的情境再度出現。例如，在孩子情緒狂飆時，你選擇保持冷靜，在一旁默默地陪伴；或當時遞上一張書寫著你的關心的紙條，或使用LINE傳送可愛的貼圖，讓孩子會心一笑等。

訣竅021

禁止火上加油

當孩子情緒處於風暴，最忌諱的就是同時在旁火上加油，讓孩子的情緒更加惡化。面對青春期孩子激動的情緒，降溫再降溫的最佳方式，就在於父母如何在面對孩子激動的情緒時，能夠維持相對平穩的情緒。

這怎麼可能？氣都把我氣炸了！沒錯，問題就在這裡了。如果連我們都抱怨自己的情緒很難加以平穩，更何況是帶著汽油桶（自己的激動情緒）滅火。所以，面對孩子的狂飆情緒，自己先學會如何穩住自己的情緒，會是優先該做的事。

困擾五
當孩子不和你說話

「湯爸，你不覺得這陣子阿湯都不太和我們說話，你不覺得怪怪的？」

「嗯，不說話很好啊，我還嫌他吵耶。」

「你這爸爸是怎麼當的？孩子不和父母說話，你還覺得是好？我看你快愈來愈不認識你的孩子了。」

「這孩子挺乖的，你不覺得嗎？或許我們也應該先試著停下來聽聽看阿湯怎麼說，或許他的意見與看法有他一定的道理。」「你也先別急著對他的看法下定論，畢竟沒有人喜歡常常被否定啊！」

「不對就是不對，該接受就得接受，會否定也是因為他不對。不要忘了，我可一直強調把書念好，打工免談。結果勒，書不給我好好念，竟然補習班該去也沒去，還給我跑去全家打工，這以後大學要怎麼考、怎麼念？這小子真是搞不清狀況。」

「湯爸，你不覺得矛盾嗎？我們看著孩子一天天長大，不外乎希望他能慢慢形成自己的想法。可是我們對於孩子的想法這件事，似乎也開始害怕、焦慮起來。」

「有時，我一直都在想一件事。我自己對於阿湯有自己的想法這件事，到底在擔心什麼？煩惱什麼？或許我們應該偷笑、感到高興才對。畢竟他也開始漸漸長大，有著自己的主見，與對事情的看法，這不是很棒的一件事嗎？」

「你沒聽見，前一陣子他一直強調『我已經上高中了，不要開口閉口都說我乖、我聽話，這讓我聽了很不舒服，感覺像長不大的小孩。』」

「他本來就是一個長不大的小孩，唉呀，我跟你說啦！在父母的眼中，孩子永遠就是小孩啦！讀高中一樣，以後念大學也一樣，連出社會也是一樣啦！你沒看現在啃老族那麼多。」

「拜託，你怎麼又來了。你要知道，當一直認定孩子長不大，有些孩子就乾脆跟你唱反調，繼續表現幼稚下去。難道你希望我們的阿湯也是這樣？千萬不要吧！」

阿湯媽語重心長地繼續說著：「你不覺得阿湯對你很陌生嗎？說實在話，我知道你很疼他、很愛他，這一點無庸置疑。但是你，甚至於是我，到底對阿湯了解多少？懂多少？連我都沒有把握。這也是為什麼我一直會擔心他不太跟我們說話後，彼此關係會愈來愈疏遠。你不這麼認為嗎？阿湯爸。」

青春期，親子相處訣竅

訣竅022 孩子，我們熟嗎？
訣竅023 你多久沒聽我說話？
訣竅024 你一定要怎麼做？
訣竅025 讓孩子把話說完
訣竅026 說了沒用？
訣竅027 低氣壓管教
訣竅028 家是心靈的港灣

訣竅022

孩子，我們熟嗎？

我常不斷提醒自己與為人父母一句話，「孩子，我們熟嗎？」試著把這一句話作為自我檢測親子關係的探測器，能夠讓你我不斷地自我覺察親子之間的關係，同時思考該在哪些點上進行溝通與調整。

親子關係疏離，有時讓孩子某種程度的叛逆強度更加被放大。

面對孩子，我可以對他們說話說多久？這是一種自我的練習。試著說說看，檢視一下對孩子了解的程度。這也是我為什麼強調，叛逆其實正在訴說著一種親子關係的狀況，也就是「我們有話說嗎？」

訣竅023

你多久沒聽我說話？

想一想，親子之間，我們是說多聽少？還是說少聽多？面對青春期的孩子，調整一下互動的方式，讓我們的耳朵、我們的心靜下來聆聽眼前孩子的聲音。

試著給自己一個漸進式的挑戰。例如這一週試著讓自己每次聽孩子說十分鐘，下一週再逐漸延長時間至十五分鐘、二十分鐘，如果孩子想要和你說話。試著算算你可以聆聽多久？

訣竅024

你一定要怎麼做？

如果孩子主動詢問你的想法與意見，這時，你的即時回覆是很重要的一件事。

試著讓自己採取「分享」的態度，就像你在臉書塗鴉牆上的留言或回覆。很自然地，主動分享你的看法與感受。但提醒自己，說的時候，盡量減少要求孩子一定要怎麼做。話裡藏刀（要求），總是容易傷了彼此的關係。

訣竅025

讓孩子把話說完

練習不要打斷孩子說話，如果你真的衝動想要開口說，試著讓自己的雙唇緊閉。如同遺忘了開門的密碼，或想像緊閉的鐵捲門。這需要你的自我控制，讓孩子把話說完。

別忘了，有時孩子選擇不說話，往往是我們一開始不斷地要求他，或不知不覺地中斷他的話。不要忽略了壓垮孩子不想和我們說話的最後那一根稻草。

訣竅026

說了沒用？

孩子不想和我們說話，或許我們可以想想是否孩子說了，但沒用。特別是當青春期的孩子想要表達出自己的意見時，或許從父母的眼光來看是不成熟。但是當你直接給予否定時，則孩子每一次的對談，就是一次自我感覺的削弱與被否定。

「反正說了也沒用。」如果連你自己也曾經有這樣的念頭，那這是否也會降低你想要溝通的動機呢？請留意過去與孩子之間的對話，會不會都是流於單向式？單向，沒有回饋。單向，無法共鳴。單向，孩子乾脆關起門來，緘默就出現在你眼前。否定，乾脆把門關上。

訣竅027

低氣壓管教

當長期處在低氣壓的管教方式下，有些孩子選擇黯然接受，在如此單行道的親子關係互動下，或許選擇緘默也是一種調適的方式。這時，你將更難接近與了解眼前的孩子在內心裡會是什麼想法與感受。

如果我們的要求像大霸尖山一樣，橫在親子溝通之間，又不讓孩子有登頂一探究竟的機會，孩子乾脆索性從馬達拉溪登山口掉頭，往觀霧就走。陌生與疏離，也就這麼漸漸地在彼此之間成形。

訣竅028

家是心靈的港灣

你或許正抱怨著眼前青春期的孩子怎麼不想和自己說話，也深深為此感到沮喪。家，如果是一座心靈港灣，那我們該如何提供孩子這些溫暖？同理、傾聽、接納這些看似理所當然的事，但真正要落實起來，卻是需要非常細膩的對待。「當孩子不願意和我們說話，他的內心到底是什麼感受？」我們是否可以適度地反映出來？

困擾六
孩子造反？

「你造反了你！給我站住！」爸爸語氣強硬地，撐著腰說著。阿青仍然面不改色，不發一語地掉頭離去。

「你給我站住，江志青，聽到沒？」

媽媽從來沒見過，一向聽話的阿青竟然面對爸爸的命令完全不予理會。這舉動，對於在家長期自認「我說了算」的阿青爸來說，真的是情何以堪。

「可惡！這小子竟然這麼不給我面子，造反了，造反了，這孩子造反了，竟然敢挑戰我這老子，還給我抗爭！」從軍中上校退役的阿青爸當然怒不可抑，但是又何奈。這回阿青似乎是吃了秤砣鐵了心，看起來是和自己槓上了。

阿青的不聽使喚，讓爸爸一連生了好幾天悶氣，連阿青媽也不知道該如何安慰。因為在這個家，長期以來就是江爸軍令如山，從來沒有人可以撼動，無論是阿青，或是阿青媽。也因此，阿青可以說一路逆來順受，直到最近這一回的父子雙方交戰。

「算他有種！敢不聽我這老子的話，看我怎麼來好好照顧你這小子，江志青。」氣雖然氣，但阿青爸似乎也在這回見識了兒子像極了年少時的自己，那一段叛逆的青春歲月。想著想著，卻也突然地緬懷了起來。

「阿青媽，咱家的兒子還是到了今天才比較像個男子漢。嗯，有種。雖然一時讓我嚥不下這口氣，但說真的，看到他下午那面不改色的模樣，還真的挺有guts的。」

「所以你可以接受阿青反抗你的意見？挑戰你的想法？」

「哪能接受？情緒上是不能接受啦！但理性的認知上倒是還可以。」

「我怎麼有點搞不懂你在說什麼？能接受就接受，哪有還情緒上、認知上之分？」阿青媽疑惑著。

「唉呦，我的意思是，畢竟這阿青從小聽話聽習慣了，所以我這個做父親的也理所當然習慣了。只是，突然開始變得有意見，不順從，我這個做老子的臉怎麼拉得下來？說不氣、不爽，是騙人的。」

「但是理性上來想，開始有自己的想法，開始想要做自己，堅持己見也是好事一樁。畢竟這也是一種自我認同的過程嘛！所以想想，自然而然也就接受了。」

「啊！拜託，我可是官拜上校退役耶，我哪會感情用事。」阿青爸最後試著對自己的矛盾下註解。

青春期，親子相處訣竅

訣竅029 叛逆的意義
訣竅030 助長叛逆的那股推力
訣竅031 順從的甜頭
訣竅032 反彈的力道
訣竅033 隆重登場
訣竅034 重新看待叛逆

訣竅029

叛逆的意義

叛逆，不一定是讓孩子走到不好的路途上，但叛逆總是讓父母感到陌生的恐懼與不安。叛逆，這兩個字會讓你想到什麼？不乖、唱反調、不聽話、自以為是、自我主見、頂嘴、說東往西、沒有按照我的想法去做。還是阿青爸認為的「造反」？

叛逆到底要告訴我們什麼？為反對而反對？柿子專門挑軟的吃？還是眼前的孩子已經讓我感到陌生？叛逆的孩子對於大人的話是否真的那麼地敏感？難道青春期的孩子不能夠有自己的想法？不叛逆真的好嗎？叛逆等同於壞嗎？叛逆真的不好嗎？如何在叛逆之中，找到親子關係調整與存在的價值這才是重點。

訣竅030

助長叛逆的那股推力

你是否曾檢視過自己的教養風格？是否常脫口一句「我說了算」。在家，孩子是否總是軍威難逆，你是否常以壓制來規範孩子的想法、興趣，甚至於生活作息。

有時物極必反，這一點在面對青春期的孩子時，更是容易如此。當然你可能會拋出質疑，「父令如山」的管教方式有什麼不好？其實這不該是個二分的問題。而是對於你的指令或要求，孩子是否有討論、協調或發表意見的空間？

訣竅031

順從的甜頭

當父母初嘗孩子看似乖巧、順從的甜頭，取得表面的領先下，是很容易沾沾自喜，而讓自己陷入甜蜜的陷阱而不自知。在甜蜜滋味的誘惑下，你是很難覺察到自己的威權管教是否需要調整或改變，直到有那麼一天，孩子宣告叛逆開始正式啟動。

訣竅032

反彈的力道

但是當父母開始漸漸壓不住時，你就可能開始嘗到孩子反彈的力道。這一股叛逆的反作用力，當然也頓時讓你不知所措。造反，多少也意味著孩子正在告訴著我們，「給我心理的成長空間」，只是你是否有聽到孩子如此的吶喊。

訣竅033

隆重登場

叛逆會用什麼形式登場？攻擊手是否火力全開？是消極防禦？或積極轉變？往往

也讓父母經歷了一場震撼教育。而且這場震撼教育會維繫多久，往哪個方向改變。當然也決定於父母願意在這場叛逆大戲中，扮演什麼樣的角色。誰是正派？誰是反派？角色是誰說了算？你自己是否願意調整不同於以往的角色？

再次提醒你，父母願意改變，孩子感受到這份誠意，往往也會隨之而變。但當你不變，孩子就只好以自己的劇本，繼續演出他心目中的叛逆大戲。

訣竅034

重新看待叛逆

「你有完沒完？」「你說夠了沒？」當孩子一副不耐煩、愛理不理的模樣，可能會讓你氣得牙癢癢。撇開頭、翻白眼、用力甩門、掉頭就走，這狠勁，當然也讓你心裡驚醒地吶喊著，「這孩子怎麼會變成這副模樣？」青春叛逆火力全開，往往讓你措手不及，招架不住，甚至於感到節節敗退，考驗著你的心臟。

到這裡，讓我們重新看待叛逆這件事。叛逆，讓你看見孩子將長大的契機。在這個關鍵點，你看見孩子想要做自己的動力。單單這點，我們就應該給孩子一個大大的支持與鼓勵。你如何看待孩子的叛逆，會決定你如何因應，及調整先前的互動關係。

困擾七
當孩子愛作對

「以牙還牙，加倍奉還，對吧？」「不！十倍奉還！」高三資處科的阿榮最近被班上同學公推為資料處理科的半澤直樹。會這麼形容阿榮主要是班上這一陣子流行在網路上分享《半澤直樹》的日劇，課堂上的老師頭頭是道地講課，底下的同學們卻交頭接耳的討論著劇情，當然也包括最近在課堂上流竄的一股「揹黑鍋」的烏煙瘴氣。

「可惡，哪有那麼賤的導師，明明是自己忘了告訴我們比賽日期，害我們準備不及，還在教官的面前說是我們不想比賽、棄賽。哇勒，棄他媽的大頭鬼，鬼扯。」

「以牙還牙，加倍奉還啦！這不是你的處世原則嗎？我的半澤阿榮。」阿廷在一旁故意慫恿著「下屬的功勞被上司占為己有，上司的失敗卻是下屬的責任。」這一句日劇《半澤直樹》的金句被阿廷琅琅上口地背著。

看不慣，挺身而出，有意見就無懼地充分表達是阿榮自覺在班上的作風。當然，當資處科的同學開始慫恿著說自己是「半澤阿榮」時，那股被鎂光燈注視的莫名成就感還挺舒服、挺爽快的。現在連國貿科的、企管科的、商英科的同學在走廊上遇到他，有時還都會迸出一句「以牙還牙，加倍奉還，這是我的處世原則」，就更讓自己覺得被認同是很爽的一件事。但看在師長的眼裡，阿榮卻是十足的叛逆代表。

「阿榮！你幹嘛要跟導師作對啊！這麼做，對你又不利，你不擔心畢不了業？」

「頂多辦休學！」

「休學？拜託，這幾年讓你念私立學校學費很貴，你知不知道？還休學？我們家有多少錢讓你揮霍啊！書不念，只會跟老師耍嘴皮子有什麼用？這以後能吃飯啊？」

阿榮媽苦口婆心在一旁叨念著，阿榮爸則不發一語、面無表情地坐在一旁，等候教官與導師上課鐘響後，來輔導室進行所謂的溝通。

對於阿榮爸來說，在職場上，他自己最是痛恨「揹黑鍋」這件事，特別是被上司誣陷。他可以感受到孩子和自己個性相像的那一點，看不慣就大聲地說出來。只是人到中年之後，自己想要當面反擊的衝勁是少了許多。當然，他是可以看到叛逆目前在阿榮體內四處奔放、流竄的那股能量。他不否認孩子正值叛逆，也不認為這樣的叛逆有什麼錯。不過，他最牽掛的是，待會兒要如何跟老師溝通。畢竟，能夠讓阿榮順利畢業是最優先的事。

青春期，親子相處訣竅

訣竅035 青春期的主戰場
訣竅036 叛逆的情緒與想法清單
訣竅037 何必苦苦為難？
訣竅038 父母搶先變
訣竅039 作對會將孩子帶到什麼方向？
訣竅040 作對在理性與非理性之間
訣竅041 找出作對背後的催化劑

訣竅035

青春期的主戰場

初嘗了孩子在兩三歲幼兒時期的叛逆首發之後，隨著孩子年齡的增長，當然親子關係如何發展與演變，對於孩子的叛逆也扮演著舉足輕重的關鍵。但無論如何，青春期還是屬於叛逆的主戰場，面對孩子一波波，不同於以往的互動攻勢，面對叛逆的虎視眈眈，多少也令父母在這時期捏一把冷汗，但眼見大勢已去的情況也所在多有。請記得，叛逆在青春期的這條路上，是你很容易遇見的車。只是款式不同，車型不同，每個孩子呈現出的模樣也各有特色。

訣竅036

叛逆的情緒與想法清單

由於叛逆總是以不同的形式呈現，或許你可以試著自我覺察，當面對眼前孩子的叛逆，例如凡事作對，這時你可能衍生出的情緒會是什麼？是不安、焦慮、疑惑、困惑、無助、不耐、憤怒、生氣、憂慮或擔心嗎？接著試著找出引發這些情緒的想法會是什麼？這個練習可以讓我們更清楚面對眼前的叛逆或孩子的作對。

訣竅
037

何必苦苦為難？

當我們面對孩子的敵對，感受到他的不順從，請試著停下來思考：「為什麼我們總是期待孩子順從？」「孩子順從是威脅利誘？或心甘情願？」「孩子的作為是否讓我感到陌生、不安？」

訣竅
038

父母搶先變

當叛逆橫在親子關係之間，我們需要先放下「孩子，你一定要變！」的自動化想法。孩子的改變是需要，但我們最先想到的應該是「自我覺察」，沒錯，身為父母或老師的自我覺察要先浮上我們的腦海。

「當我們先變，孩子就有機會改變。」這句話請隨時提醒自己。青春期的孩子很在意一件事，如果你們大人只是希望我們這些孩子要改變，那麼，一切「免談」。試著讓孩子看到你想要改變的誠意。

訣竅039

作對會將孩子帶到什麼方向？

面對孩子的對立反抗，特別是在校園，甚至於對社會規範的挑戰，常常讓父母或老師捏一把冷汗。作對，會讓你擔心什麼？或許可以試著思考與探究讓自己感到不安的想法、根源。說真的，當我們的想法清晰了，面對孩子的表現，或許會帶來一段全新的詮釋與看法。

訣竅040

作對在理性與非理性之間

我們需要將界線設定清楚，讓孩子實際了解社會規範的遊戲規則。當孩子遊走在這邊界上，不時觸動著你的警報器。這時，大人立場的展現就顯得非常重要。只是在陳述這些設限時，如何讓孩子願意聽，能夠接納，同時對自己的行為負責就顯得相當重要。

訣竅041

找出作對背後的催化劑

青春期的孩子在意同儕的眼光，常常勝過於對大人的期待。當孩子愛作對，特別是喜歡在大家的面前表現出敵對的態勢。或許，我們可以從他期待被看見的點來切入。

在部分的孩子想法裡，只要能夠被看見，說真的，不管用什麼方式都可以。如果你也察覺到這一點，我想你是可以在私底下，在尊重他的隱私的前提下，清楚地反映他的想法。「阿榮，爸爸在想，你故意在導師面前作對，多少也期待能被同學看見你的能力，能夠與老師平起平坐的能力。或許，獲得同學這樣的欽羨目光，能夠讓你感到很有成就感。」

困擾八
當孩子唱反調

「明玲、明皓，桌面收一收，媽媽剛剛已經訂好晚上七點西堤的位子，等等就好好去享受一下難得的家庭聚會，還有我好久沒嘗到的原塊牛排。」

「媽，我要點法式烤雞，焗烤蘑菇和方塊麵包也是我的最愛耶，所以等等麵包要多加一份，聽說現在還有蔓越莓沙瓦喲。」明玲滿臉微笑，滿心期待今晚的TASTY。

「我不要去西堤，今天我要去聚北海道昆布鍋。」明皓面無表情、冷冷地說著。

「可是明皓，媽媽已經訂好西堤，聚我們下回再去，好嗎？你知道今天是假日，位子很難訂。」媽媽試著讓明皓打消主意，但一旁的姊姊卻表示，「林明皓，你是故意唱反調是不是？媽媽中午訂位時，你為何不發表意見？每次說好要去東，你就說西。上回也一樣，說好要去品田牧場吃豬排，你就非要改去勝博殿。你到底是什麼意思？」

「你管我，我想去哪就去哪，你管不著。」

「那你自己去聚，去開鍋啊！」明玲拉高音量，氣急敗壞地說：「別老是扯後腿，弄到後來哪兒都去不了。」

「明皓，這回你就讓讓。現在時間已經快到了，西堤最多只等十分鐘。如果再這樣折騰、討論、你來我往的辯下去，待會兒可能就連西堤都去不了。今晚，就算你陪媽媽和姊姊用餐，好不好？」媽媽試著讓語調緩和，等明皓點頭。但明皓愛唱反調的個性，還真的常常造成姊姊和他之間的衝突不斷。

「媽，你不要再寵他了，哪有人當下不反映，每次人家決定好之後才在那邊唱反調。幹嘛，我唱反調，故我在嗎？這麼可憐？需要用到這樣的方式。」明玲故意酸弟弟，因為她早已無法忍受明皓唱反調的行為。

但無論媽媽如何苦口婆心、姊姊如何激將或數落，明皓仍然堅持己見不為所動。

當然這愛唱反調的個性，不單單在吃飯這件事。就連當姊姊在講電話時，請他稍微保持安靜，明皓反而故意將電腦喇叭的音量開到最大。天涼了，媽媽愈叫他將外套穿上，明皓就愈刻意把外套留在家裡的椅背上。有時要求他把衣服鈕子扣好，他卻又故意將兩個鈕子鬆開，讓領口敞開。

「明皓到底是怎麼一回事？難道孩子一到青春期就愛唱反調？但為什麼姊姊明玲就不會呢？」媽媽疑惑地想著。眼看七點鐘快到，但明玲、明皓兩姊弟仍然膠著，誰也不讓誰。西堤？聚？聚？西堤？此時媽媽的心也焦急著。

青春期，親子相處訣竅

訣竅042 啟動故意的機制
訣竅043 我的與眾不同
訣竅044 多項選擇
訣竅045 我什麼都不要！
訣竅046 順水推舟
訣竅047 青春好作伴

訣竅 042

啟動故意的機制

我們很容易把孩子愛唱反調的行為，解釋成故意。如果孩子是故意，那麼我們可以想「孩子幹嘛要故意？」故意？多少在告訴我們一件事，「爸媽，請多注意我！」當然，你這時可能會跳出來反駁：「拜託，我怎麼沒注意到你？」這也是親子之間常出現的落差，父母與孩子的解讀不同，我們往往忽略孩子期待被看見的感受。

訣竅 043

我的與眾不同

有時，孩子選擇唱反調，多少也突顯我和你們不一樣。這個與眾不同，對於孩子來說更能展現自己的個性，想讓對方看見自己的重要性。別急著和孩子爭辯，但是可以調整對他的關注，我們可以想是否已感受到他希望被認為重要的那股力量。讓孩子也成為做決定的董監事！讓孩子感受到他的聲音被聽見，自我可以被滿足。

訣竅 044

多項選擇

如果你已經非常清楚孩子老是愛唱反調，這時你可以採取多項選擇的方式，讓他來做決定。例如：「明皓，今天晚上的家庭聚餐，西堤、原燒、品田牧場、聚北海道昆布鍋，你來決定一個。」給孩子做決定的機會，舉球先做給孩子殺，多少可以降低他唱反調的機會。當然，你也可以一開始就不設限，直接由孩子決定今晚去哪裡。

訣竅 045

我什麼都不要！

只是，你會發現孩子也不是省油的燈。其實，親子對話很有意思，如果把上面最後一句改為「你來選一個」，你會發現青春期的孩子可能告訴你「我什麼都不要！」當然你會納悶這有什麼差別，但請仔細想想，「決定」和「選」這兩個看似都尊重孩子的字眼，從孩子的角度聽起來，仍然會有差別。前者，「決定」讓孩子感覺自主性高。後者，「選」仍然有一種受限於你的框架，我只能在你設定的範圍內做選擇。

如果孩子直接告訴你「我什麼都不要！」這時又應該怎麼辦？試著讓自己的語氣很溫柔、很冷靜，眼神堅定地注視著他，然後回應「所以呢？」

先不急著動氣動怒，試著再把球丟回孩子，引導他自我覺察自己到底想幹什麼？

訣竅046 順水推舟

面對青少年的叛逆，做父母的總是會苦惱，怎麼叫他不要做、不要碰，他就是老愛給你繞個圈，不但說不聽，還愈說愈故意。例如，你總是頭痛孩子故意唱反調，愛將上衣的兩個釦子鬆開，讓領口敞開。這時，你乾脆來個先下手為強、逆向操作、順水推舟，例如，你對孩子說：「明皓，媽媽發現其實你的上衣釦子這樣敞開，看起來還真帥氣呢！」

先不否定孩子所做的事，如果這件事情還在可允許的社會規範內，或許就試著順著他的心意，說不定孩子發現故意沒轍就感到無趣了，下回自動把上衣釦子扣好。

訣竅047 青春好作伴

在親子之間，倒不是父母都要採取要求的方式對待孩子，但是如果你真的發現自己叫不動孩子，那麼請開始轉換親子互動關係，試著和孩子做起朋友、變成玩伴。當孩子發現眼前的爸媽好玩、有意思，會和他玩時，也就是當關係有了、當關係密切了，對於你的話，孩子就比較容易心甘情願，配合買單囉。

困擾九
當孩子懶得解釋

小浦媽望著手上紙條上的「BJ4」這個字，滿臉狐疑地問著：「老公，這個字是什麼意思啊？怪怪的，怎麼看不太懂！」

「幹嘛問這個？」

「我發現最近在和小浦溝通時，他總是像省話一哥一樣，話不多說，卻老愛寫下這個字，然後掉頭就走，真的有點被搞糊塗了。」

「不解釋。」

「什麼？你說什麼？不解釋？」

「就是不解釋，更白話來講，就是你家的寶貝要告訴你『我懶得解釋。』『懶得理你。』『反正你就是聽不懂。』」

小浦爸有些忿忿不平地說著：「什麼BJ4？我看他倒是要給我好好地解釋。」

「老公，你確定沒有添油加醋，真的是那些意思？」

「啊！不然勒？意思就是反正說了你也聽不懂，有代溝了啦！」

「好啦！我是有些擴大解釋，但味道差不多就是那個意思，就是不想向你解釋，懂嗎？小浦媽。」

「可是他可以好好跟我解釋啊！我可以聽得懂啊！拜託，我這個做媽的多有溝通的意圖，怎麼可以來個BJ4呢？」「我超有耐心聽他講的啊！而且也會苦口婆心給很多有用的建議啊！怎麼BJ4呢？」

「所以你認為你家小浦喜歡聽你那苦口婆心的建議？好聽是建議，但從他們的耳朵裡聽來卻是『十稔』，雜念啦！哪還會感謝你，別作夢了。」

「可是哪個媽媽不都是這樣？」

「所以哪個孩子不也都是那樣？」

「那樣？」

「拜託，你還是聽不懂？嫌你囉嗦啦！」

「難道，都不需要表現出關心？」

「是該關心。但是我告訴你，除非你家兒子主動來問你，尋求你的解詩籤。不然，我告訴你，對於青少年的孩子來說。多聽他們說，才會是王道。重點是如果他們也想要跟我們說的話，那就真的是千幸萬幸了，祖先有保庇。」

「可是，小浦現在這年紀也才十四歲，還在懵懵懂懂的階段，如果不趕緊給他一些標準答案，那他以後遇到問題怎麼辦？」

「你還以為教養有SOP標準化作業流程？拜託，我告訴你，至少我也走過青春期，在這個時候，你愈強調所謂的標準答案，那孩子就愈容易給你不要的答案，甚至於在他們的心裡早就有了答案，而這個答案絕對不會是你要強調的答案。懂嗎？我的小浦媽。」

「你說得太拗口了，什麼答案來、答案去的。」小浦媽困惑著。

青春期，親子相處訣竅

- 訣竅048 代溝不解釋
- 訣竅049 怎麼看孩子的不解釋
- 訣竅050 認輸
- 訣竅051 虛心求教
- 訣竅052 主動發球分享
- 訣竅053 文字取代言語

訣竅048 代溝不解釋

有時，我們可以想一想，眼前的孩子所使用的字眼或話語，我們是否能夠聽得懂。這就像我常常在演講場合詢問現場父母，「請問知道初音未來的請舉手？」「請問知道CS的請舉手？」通常，舉手的人，如同預期的一般，不多。

當你回答：「CAS知道啊！就是優良冷凍豬……肉。」很抱歉，多一個A字就差很多，甚至於這個多出的A就正好將親子之間的鴻溝劃出來。「你懂我在說什麼嗎？」當孩子望著你困惑的臉，心想，反正說了也聽不懂，「哎呀！BJ4。」

訣竅 049

怎麼看孩子的不解釋

對於青春期的孩子來說，我懂，你不懂。多少也意味著自己開始呈現出屬於與眾不同的一部分，而這部分我懂，大人不懂的部分，也讓自我感覺上升了些。有時甚至於浮現「懂就懂，不懂就別問」的高傲味道。

如果對於孩子的不解釋態度，父母能調整一下想法，例如：「原來小浦不太想跟我們解釋，多少也在展現他現在懂得比我們還多的姿態，哈！雖然態度有時真的令人想要咬牙，但是想想也欣慰，畢竟孩子慢慢長大了。」

訣竅 050

認輸

當然，要父母在孩子面前認輸，承認自己的不足，這需要十足的勇氣。但每個年齡層都有各自關注的事物，及習慣性的用語，所以這也不是輸不輸的問題。

放下身段，讓孩子來教你、告訴你、和你分享青春期孩子所關注的事物，這對於拉近親子關係的親密度是很有作用的。

訣竅051

虛心求教

試著放低我們的姿態向孩子求教，如同踩著千斤頂，讓孩子的有能感被提升。「小浦，媽媽想，你多少覺得自己長大許多。而有些事，你懂，但媽媽卻不懂。像是你常說的**BJ4**是什麼意思？」這時，孩子或許會以強者、前輩自居：「媽媽，你真的落伍了耶，我告訴你，**BJ4**是一種**PTT**的流行用語，是採它的諧音『不解釋』啦！」「當然，我知道你會問什麼是**PTT**，就是批踢踢。至於批踢踢是什麼？就……」這時，父母請記得虛心接受我們大人的不足。

訣竅052

主動發球分享

投其所好，對於與青春期孩子的互動來說，有時會是一條快速的接駁道路。

懂孩子注意什麼，關心他所關注的焦點。讓我們主動來和他分享，例如，「小浦，媽媽今天發現日本正在流行的動物占卜還滿有意思的。『你是什麼動物？』聽說還能算出性格、金錢觀念、速配對象等，真有那麼神喲。那你要不要選一個你想要飼養的動物？（A）松鼠（B）兔子（C）貓咪（D）迷你豬。」

主動發出孩子所關注的變化球，你會發現這時孩子可能出現不可置信的目光。「咦？媽媽，你什麼時候變得這麼流行啊！這樣才不會被out喲。」

訣竅053

文字取代言語

如果你已經感受到家中青春期的孩子，對於父母的言語感到敏感。平時只要你一開口，孩子就表現出愛理不理的模樣，這時或許可以嘗試以文字作為媒介，無論是手機簡訊、LINE（如果孩子有讓你加入，且還沒封鎖的情況下）、3M便利貼等都可以替代。將你所要分享的事物，轉由靜靜的文字來傳達，有時能夠適度降低孩子對於語言的情緒反應。同時，讓孩子有較多的餘裕來決定是否或如何來回應你。溝通轉個彎，讓親子對話冰釋。

困擾十
孩子不回話

「我要出去囉！」

「阿峰，時間這麼晚了，你要去哪裡？」媽媽話還沒說完，阿峰頭也不回地推開了門，自顧自地向外離去，門因為推的力道太強，砰的一聲，頓時讓阿峰媽嚇了一跳。

「ㄟ，阿峰，阿峰，等一下啦！你究竟是要去哪裡？什麼時候回來啦！」雖然媽媽最後一句拉高了嗓門，但早就看不見阿峰的蹤影，自己也不確定孩子到底有沒有聽到。

「這孩子真是的，最近出門怎麼連回都不回一句？去哪裡也不說，跟誰去也不講，什麼時候回來也不告訴我，都不知道我這做媽的有多擔心。」阿峰媽向先生抱怨著。

「唉，我看反正你也都不管啦！只注意你的什麼《關鍵時刻》，連現在孩子人去哪裡，不見個影子，你也一副老神在在，像是別人家的孩子還沒回家一樣，不關你的事。」

阿峰爸目不轉睛地盯著螢幕裡，台灣第一LBJ劉寶傑，一字一句仔細聆聽著主持人說的話，並猛點頭，展露微笑，表示認同。至於阿峰媽在說什麼，自己並沒有在聽。畢竟自己可是《關鍵時刻》的忠實觀眾，總是全神貫注電視裡的談話。

阿峰媽受不了阿峰爸的這副德性，再試了幾次，眼看先生都沒反應，乾脆二話不說，走到電視機前，逕自地拿起遙控器，將電視機直接轉台。

「ㄟ，你在幹什麼?別在那邊亂，轉什麼台啦！」正當阿峰爸站起來，欲向前拿阿峰媽手上的遙控器時，阿峰媽立即將遙控器藏在背後，並拉大嗓門：「你到底有沒有在聽我說話！」

「說什麼啦！」阿峰爸想要側身拿遙控器，但又被阿峰媽閃開了。

「說什麼？說你兒子到現在都還沒回家啦！你也不關心一下？」阿峰媽情緒有些激動地說著。

「他不是有跟你說要出去嗎？」阿峰爸又想要伸手去拿，但這回阿峰媽把遙控器貼在後背貼得更緊。

「我當然知道他有跟我說要出去，但是他卻沒告訴我他要去哪裡，跟誰去，什麼時候會回來，難道我都不會擔心嗎？」

「唉呦，《關鍵時刻》播完就回來了啦！」阿峰爸又再次趨前，欲伸手拿。

「還在給我《關鍵時刻》勒！你是心中有寶傑，有沒有阿峰都不是重點！」阿峰媽有些氣急敗壞地抱怨著。

「啊，不然要怎麼樣啦！你不是問了嗎？但是他就是不想跟你說啊！你現在急成這樣有什麼用？你又不是不知道現在青春期的孩子都很難搞，我們家的阿峰也差不多。上次不是才提醒他，路上小心一點，結果他竟然用不屑的口氣回我一句：『你以為我還是小孩子嗎？』他不都一直是小孩子嗎？」阿峰爸有些疑惑地說著。

訣竅054

腦力激盪你的反應

在演講的場合，我喜歡和現場聽眾進行角色扮演的演練。其中有這麼一段考驗著父母的即席反應，當你家中青春期的孩子傍晚出門前，講了一句：「我要出去了。」隨後準備離開時，如果你是父母，在第一時間你的反應會是什麼。

是很本能地問：「你要去哪裡？」「你要跟誰出去？」「什麼時候回來？」「要

不要回來吃飯？」或「路上小心一點。」嗎？想想看，當你這些話脫口而出的時候，孩子的反應會是什麼。

有時你會發現，當上面這些問句一出現，孩子可能二話不說，頭也不回地出門就走。你可能很納悶為什麼連這些關心的話都不行，當然孩子如果很自然、很順從地回應你，或許在你心中，「叛逆」這兩個字也不會浮現。

對於有些孩子來說，這樣的問話有時存在著一種對自己行為的不信任。你親切的一句「路上小心一點」或許也會被孩子誤解成你太小看他：「拜託，我都幾歲了，難道走路都不會看路？都不會等紅綠燈？這還要你提醒？」而讓你感到錯愕。

你也可以試試看其他的問句，例如，「早一點回來。」「沒事早點回家。」「記得打電話回來。」這些話是否結果和前面一樣？

如果試著改為「手機有沒有帶？」「身上錢夠不夠？」「好好玩。」是否就是比較站在孩子的立場，看見他的需求。哪些話能夠讓孩子聽了舒服些？或許你可以試試看。

訣竅055

思考「我要出去了」這件事

有些孩子出門前，可能連講都懶得講，二話不說就直接出門。當然這種狀況更糟糕。因此，當孩子出門時，如果還脫口說了一句：「我要出去了。」我想從正向的親子關係來看，至少孩子還是做到了告知的動作。

請珍惜這個告知的動作，因為這多少也維繫著親子之間那微弱到可能彈指就破的情況。把這一句話視為是孩子尊重你的話，也把自己的想法調整一下，你會發現自己的接受度與情緒的反應會好很多。

訣竅056

身教示範

「阿峰，媽媽現在要和爸爸去IKEA看書桌，晚上八點前會回來。」當你平時主動和孩子具體交代人、事、時、地、物，我想一步一腳印，一點一滴地慢慢讓孩子透過你的身教，也養成具體交代的好習慣。

有時，我們擔心孩子出門這件事，當然就和我們怎麼看待孩子要出門這件事情有關。有時孩子不喜歡交代自己的行蹤，多少也在於認為自己有行動的自主性。當你問多了行蹤，多少也讓孩子覺得被削弱了被尊重的感覺。

訣竅057
莫忘初衷

「難道就這樣置之不理，不管他去哪裡？」當然不是如此。如果我們對於孩子的獨立性與成熟性仍然保持質疑的話，我想，你很自然地會擔心孩子的外出。

試著把你心裡的感受傳達給孩子，「阿峰，我想你現在已經國中了，也比以前成熟許多，我想你一定知道自己在做什麼，也會對自己負責。如果你可以讓媽媽知道你的行程，或許這樣的體貼可以讓我感到安心喲。」

如果你沒有適當的機會用口語表達，或許運用文字書寫或簡訊也可行。

困擾十一
當孩子不爽

「哇靠夭啦！閃一邊去啦！」阿金非常不爽地從學務處走回自己的教室。門口擠了幾個關心阿金八卦的同學，有些交頭接耳地細語著，就生怕說太大聲，激怒在三班被公認是大哥級的阿金。

「阿金、阿金，還好吧？」班上少數能夠有資格靠近阿金講話的就是外號土撥鼠與秀胖兩個人。

「哇勒超級不爽的，幹！」這時秀胖的眼神很快地瞄向教室外，小心地留意導師是否進入教室。

「幹！憑什麼只找我一個人，超級不爽的，晤談不會挑時間，竟然給我找體育課。主任還給我嗆聲，說什麼有本事再搗蛋就要通知我父母來學校，哇勒幹！」

這時，土撥鼠與秀胖雖靠近阿金，但通常他們會保持沉默，免得被掃到颱風尾。

「超級不爽，簡直就是故意來作對，好啊！來啊！誰怕誰？有種去通知我阿爸阿母來啊！幹！搞不清楚狀況，還給我用廣播通知，有品沒品啊！」阿金的憤怒情緒一時無法平復下來，而教室裡的同學也顯得鴉雀無聲，沒有人敢多說一句話。

阿金板著臉，不爽了一整個上午。

「陳秋金，嘴巴閉上，請尊重一下教室秩序，你不上課，還有別的同學想要學習。」英文老師話還沒說完，突然聽到教室後方傳來啪的一聲，只見阿金用力將課本甩在地上，起身掉頭就走。

「陳秋金，你回來！」當然阿金完全不甩老師指令。這時，教室裡鼓譟聲四起。

「老師，你這麼說，太不給阿金面子了啦！」

「什麼面子？自己都不尊重別人，還期待對方尊重他，有沒有搞錯，現在是上課時間耶。」英文老師不以為然地回著。

「好，同學安靜，趁現在沒有人干擾，繼續上課。反正，陳秋金敢自行離開教室，他自己就必須承擔被記曠課的後果。」

「真是有夠機車！」秀胖低著頭，壓低音量向土撥鼠說著，當然他自己不想惹是生非，雖然自己看不慣英文老師的做法，認為十足不給阿金面子，但畢竟自己的分數還操之在老師手上，他不想和自己的成績過意不去。只是心裡不免想：「唉！阿金還真倒楣，才被學務處擺一道，現在又遇見英文老師給他難堪，難怪他會這麼不爽！」

青春期，親子相處訣竅

訣竅058 叛逆不等於壞
訣竅059 叛逆等於壞小孩？
訣竅060 青春的情緒地雷
訣竅061 不爽所要傳達的訊息
訣竅062 激盪尊重

訣竅058

叛逆不等於壞

叛逆會讓你覺得壞，有時是孩子行為或態度的改變，讓你瞠目結舌，把你嚇壞了。或許是孩子的表現，大大改變了你對他的印象。「怎麼會這樣？怎麼會這樣？孩子怎麼敢嗆我？對我大小聲？」你可能張大嘴巴，瞪大雙眼訝異著，但請提醒自己，孩子的改變不會瞬時說變就變。只是孩子在質變的過程中，為什麼我們沒有發現，或者，發現了，但是我們也沒有調整與改變。

訣竅059

叛逆等於壞小孩？

當然不是。叛逆所反映的不會只是讓你瞧見的那副凶狠或對立模樣。叛逆，有時也正反映著孩子已經開始有自己一套對周遭事物的見解與看法。慢慢往做自己、成為能夠決定自己的主人一步一步迂迴前進。雖不成熟，但這些想法的浮現是很值得令人讚賞的。先不對叛逆二分法，也先不把叛逆打入冷宮，更先不把叛逆視為水火不容。叛逆一定存有好的正向元素與能量，在孩子成長的這段路途上。

訣竅060

青春的情緒地雷

我時常在想，當一個孩子在我們眼前，突然間，情緒暴衝失控。在這情緒引爆之前，當下的我們是否知道已經踩到孩子的地雷？還是我們面對眼前這情緒風暴，仍然一頭霧水？

每個孩子都有地雷，只是就怕身旁的人並不了解地雷在何方而誤踩，如果你知道青春期的孩子非常在意團體裡，同儕對於自己的看法。簡單講，就是面子問題。那為何我們還是要刻意去踩這個地雷？例如在課堂上，當眾指責或糾正。這些往往會是一種多餘的衝突（甚至於明知故犯）。

當然，你可能對於這樣的看法有意見，認為「誰叫他自己不遵守規定？被指責、糾正是應該的。」孩子是需要被指責或糾正，但在處理的過程中可以更細膩。至少，避免在團體中當眾處理，多少可以降低青春期孩子的情緒反彈。

訣竅061

不爽所要傳達的訊息

面對孩子的不爽，倒不是摀住耳朵、閉上眼睛，裝作若無其事或迎合孩子的表現。當然更不會是因為青春期、因為叛逆、因為荷爾蒙等問題，而不需要為自己的行為擔負責任。重點在於，孩子表達出的這些不爽，到底讓我們聽到什麼訊息？例如，大人是否應該要更懂得調整自己的親職管教與班級經營方式呢？

訣竅 062

激盪尊重

我們總是希望孩子對我們尊重，但或許轉個彎，我們也可以想想，在家裡、在教室裡，我們自己做了哪些讓孩子感到被尊重的事。請記得，不能想太久。當你需要花很長時間去想的時候，多少已經在告訴我一件事。尊重孩子這件事，你不熟，所以要想很久。

以教室為例，動腦想想，用筆記下，我們做了哪些尊重孩子的事。例如：（1）請孩子協助時，會適時地說出「請」、「謝謝」。（2）當孩子做錯事時，會私底下和他溝通。（3）當自己做錯事時，會向孩子道歉並請求原諒。（4）當孩子在對自己說話時，會先放下手邊的工作，眼神注視著他。（5）讓孩子有權利共同討論、表達分組方式。

當然在家裡，你也可以思考自己做了哪些事。例如，進房門前是否先敲門、是否尊重孩子的隱私等。

孩子需要被尊重，而青春期的孩子對尊重這件事更加敏感。但如果你選擇尊重他，你也正在示範如何以禮待人的好身教。說真的，孩子也會以禮回應給你。當然，不爽也就煙消雲散。

困擾十二
當孩子自我傷害

「我的天啊！子維，你這是在做什麼？怎麼滿手都是血啊！快快快，子欣，去拿醫藥箱過來。」媽媽試著拉起子維的手，但卻被子維縮了回去。

「你走開！你走開！你們不要管我，走開！」子維情緒激動地吶喊著，這時只見手上的鮮血直流，看在媽媽的眼裡，心疼不已。

「子欣，你動作快一點！快把醫藥箱拿來。」媽媽不顧子維的驅趕，回頭大聲催促著妹妹加快動作。

「唉呦，好可怕，我不敢看。媽媽，醫藥箱你拿去。」子欣一進哥哥的房門，眼前從子維拳頭指縫間汩汩直流的鮮血，著實把自己給嚇壞了。

「范子維，你這是在幹嘛，很無聊耶。」子欣矛盾地不敢直視著哥哥的拳頭，又忍不住地抱怨起來，「老是搞這把戲，一下子撞頭、一下子搥牆、一下子又劃手的，你是真的沒事做，是不是？」

「子欣，你閉嘴，把醫藥箱放著，快出去，別在這裡又惹你哥生氣。走開，聽到了沒？」媽媽不悅地要求著子欣離開。

其實，子欣說得沒錯，高一的哥哥為何老是愛傷害自己，這一點她總是感到很納悶。「這麼做到底是想幹嘛？到底是想要證明什麼？」子欣邊坐在沙發上，邊回頭望著子維的房裡，嘴裡碎念著。

「唉，怎麼跟我們班上的那小子一樣，動不動就來這一遭。除了讓父母擔心、傷心之外，到底是想幹嘛？有本事就不要處理傷口嘛！愛亂又要讓人家麻煩。」子欣不以為然地想著，「哪有什麼事情不好解決的，都已經是高中生了還這樣，真幼稚。」這回子欣已經決定不管哥哥的事情，索性將耳機戴上，聽起iPod。

倒是房裡的媽媽仍然勸著子維：「有什麼事就好好說，沒有不能解決的事情。你這麼激動，把自己傷成這樣子，也沒有改變問題。更何況，讓媽媽看了很難過。」媽媽邊包紮著傷口，邊安撫著子維的情緒，但也免不了地多說了一些道理。而子維的情緒也略微趨緩了下來，但可以感受到整個人的疲憊。

媽媽心裡很是不解，為何高一的子維在處理自己的壓力與困境上，竟比讀國二的子欣還不成熟。「這孩子心裡到底是在想什麼？事情真的有那麼嚴重到需要用這種自我傷害的方式來表示？」媽媽邊用紗布包紮著子維的傷口邊想著。

青春期，親子相處訣竅

訣竅063 自我傷害所要告訴我們的話

訣竅064 一種自我控制感？

訣竅065 我割，故我在？

訣竅066 無條件的關愛

訣竅067 沒有出口？

訣竅063

自我傷害所要告訴我們的話

你從孩子的自我傷害看到什麼訊息？是反映著眼前青春期的孩子缺乏解決問題的能力？是透過自我傷害，達到自我控制的滿足感？還是情緒的紓解，缺乏適度的出口？或透過自我傷害體驗自我存在的感覺？這些訊號，有待我們加以區分與辨識。

訣竅064

一種自我控制感？

我是否看見孩子對於周遭缺乏可以控制的能力？當孩子對於事物的可控制力愈低，這時自我感受的壓力指數就相對較高。有些時候，青春期的孩子會透過自我傷害的方式，來展現一種自我控制的感覺。

傷？不傷？如何傷？對於孩子來說或許還是一種可以充分自我決定的事。至少，對他來說，在這個自我傷害的過程中，他似乎可以感受到那一股少見的自我控制感。

當然，青春期的孩子如果選擇這種走偏的自我控制方式，在缺乏大人的引導之下，可能未來自我傷害會愈演愈烈。因此，協助孩子燃起自我控制感，讓他看到自己具體的、有能力的感覺，就顯得相當重要。試著為孩子設計一扇「能力展示櫥窗」，讓他的優勢與成功表現不時被自己看見。

訣竅065

我割，故我在？

面對孩子的自我傷害，在期待孩子不要再以如此的方式對待自己之外，或許也該讓我們來思考，孩子所想要表達的訴求會是什麼。有時，青春期的孩子處在對未來或當下茫然、缺乏自我存在感的心境下，是有人會選擇以「痛」來感受自己的存在。

我割，故我在。我痛，我存在，在這樣的氛圍下，是很令父母心疼與不捨的。如果這些傷害是來自於孩子缺乏自我存在感，那麼我們又該如何讓孩子以適當的方式喚回這些自我感覺呢？而在這之前，我們應該先看到孩子被愛與需要的感覺。

訣竅066

無條件的關愛

「孩子，我愛你，我愛你所存在的一切。」這就如同你是否仍然能夠接納眼前這位自我傷害的孩子？「子維，你怎麼這麼糟糕啊！用這麼不成熟的方式解決問題？到底什麼時候你才會長大？」如果你選擇如此反應，當然你是把孩子推向更遠之外。

當然接納並不表示認同孩子所做的一切，但接納，在於眼前這個孩子無論他選擇用什麼樣的方式面對，他都還是父母心中所愛的寶貝。愛，到底是怎麼一回事？愛，如何才能讓對方感受到？或許可以先讓我們換位思考，我期待對方用什麼樣的方式來愛我？同樣地，如果我也了解了孩子，那麼他需要怎麼樣的愛。

訣竅067

沒有出口？

當孩子選擇自我傷害來面對困境，多少也反映著當下似乎沒有一個適當的情緒出口，來讓自己的負向情緒有宣洩的管道，如同二重疏洪道或員山子分洪道的作用。

當負向情緒滿溢，在孩子的內心竄流，有些青春期的孩子在情緒激動下，可能就採取激烈的自我傷害來因應。當然，這樣的選擇，一定不會是一種好的因應方式。

試著想想，孩子的情緒出口如果不是你，會是誰？同樣地，也試著靜下心來思考，為什麼孩子的情緒表達出口的對象不會是自己？我是否曾經想要扮演這個情緒傾聽的角色？是什麼樣的因素阻礙了孩子的表達？這些親子關係的深刻覺察，在孩子的青春期階段更是需要不斷地自我檢視。

輯二

青春期孩子正在「轉大人」，期待被看見

青春期就像孩子成長的轉運站，而叛逆這部繽紛的列車就承載孩子著從天真、單純的童稚階段，迂迴顛簸地往成熟、獨立的大人階段前進。如同新車上路，在車頭前別上那朵大紅花一樣，青春期的孩子同樣希望被看見。只是，畢竟新手上路，對於成長的路況終究不熟悉，但青春期的孩子仍然以他特有的方式，希望自己被看見。無論是突然染髮、要你尊重他的想法、覺得你不了解他、「我不是你的複製品」的吶喊、在志願選填、住校與否的立場表達、不要拿我來比較、肖像權的捍衛、我不是小孩子、我終於做到了，甚至孩子不出房門或消極地自我放棄等等。

畢竟「轉大人」這個彎度過大、路面過窄，而青春期孩子對於方向盤的掌握也生澀，但又期待漂亮甩尾能被你看見。這時，父母以過來人的立場，重新看待叛逆這搖搖晃晃、險象環生的車身，或許也較能同理與感受到孩子對於成長轉換的渴望。

在成長的過程中，期待被看見，是非常自然而然的一件事，只是青春期的孩子用叛逆來吸引你的目光與關注。

困擾十三
當孩子染髮

「你染這個奇異果頭幹嘛？」爸爸話還沒說完，只見君澤雙眼斜視、瞪視著他之後，一句話都沒說。揹著書包、褲管拖著，掉頭就走。

「你這孩子什麼態度？讀了國中竟然給我變成這副德性？」

「幹！什麼德性？」君澤用力推開門，轉身回了這一句。

這突如其來的舉動，一時讓君澤爸愣住，說不出話來。

「君澤，你怎麼用這種語氣跟你爸爸說話？快跟他說聲對不起。」

「誰鳥他！」砰的一聲，門重重地關了起來。

「你這個做媽的，到底有沒有看到？你怎麼管你們家君澤的？國中生染個什麼怪模怪樣的頭？」

「你們家君澤？你家不就是我家？我還全家的君澤勒？我又不是沒說他？你能耐他如何。」

「拜託，他那個樣子出門能看嗎？鄰居要是看見了，不怪我們父母平時沒在管才怪。」

「你只在意鄰居的反應，你到底有沒有想過你兒子的看法？」

「染個頭髮，還能有什麼想法？不就是標新立異、耍帥？腦子裡的知識不長，書不好好讀，只顧那頭頂上的顏色，這以後會有什麼前途才怪。」

「你老愛這麼說，難怪這孩子愈來愈不聽使喚，你這當爸的一定得負大部分的責任。」君澤媽抱怨著。

「那天你兒子還在問我，為什麼爸爸可以去染頭髮，我就不可以？說真的，這些話讓我一時真的不知道該如何回答，因為我覺得我沒有反駁的理由，我一點都沒有說服力。」

「拜託，我是阿爸耶！」

「我還阿母勒，你幫幫忙好不好，你以為現在的孩子你用一句『我是阿爸耶！』你家裡的兒子就會聽？就會信服、順從？乖也是表面，你可別當真。」

「染個奇異果頭，你會覺得是在證明他長大？開什麼玩笑，標新立異、不倫不類，學生沒有個學生樣。」

「君澤爸，你這麼說就太武斷了點。那我問你，那為什麼你每個月都跑去染頭髮？」

「拜託，我是把白髮染黑，這有什麼好懷疑的？」

「好，那我問你，為什麼要染黑？」

「不然你告訴我，你可以染頭髮，君澤為什麼不行？你可以染黑？君澤為什麼不能弄成黃？你笑他是奇異果，那他能不能說你是黑棗？難道大部分的人都是黑棗頭，突然出現幾個奇異果頭就不對，你說服我嘛！」

「黑色？咖啡色？金黃色？好啦！就像你說的奇異果色的有什麼差別？是誰說黑的才是對？」

青春期，親子相處訣竅

訣竅068 尊重與接納
訣竅069 在意的焦點
訣竅070 在染髮下，你看見孩子什麼想法
訣竅071 魅力的所在
訣竅072 避免讓讀書成為代罪羔羊

訣竅068

尊重與接納

孩子到底在想什麼？或許你存在著許多的疑慮與好奇。當然，也包括孩子為什麼不願意告訴你，就像是青春期的孩子染髮，你想聽聽他的想法，但在這之前，請優先尊重他的選擇，接納他染髮的事實存在。否則在彼此尚未溝通之前，就先來個批判、

否定，這也難怪會讓孩子生氣到甩門。

訣竅069

在意的焦點

當我們對於孩子的染髮有意見，這時，我們必須停下來思考的是，我們所在意的焦點是什麼，是染髮這件事對於健康的影響？例如你擔心孩子長期或不當使用染髮劑等化學物質對於健康的危害？還是你和孩子對於「美」、「最潮」、「最in」這回事的落差？還是染髮這件事讓你自動化地，跳躍到孩子可能與偏差行為相連結？澄清你有意見的焦點，或許再回過頭來看這些堅持是否合理，就一目了然。

訣竅070

在染髮下，你看見孩子什麼想法

你選擇將白髮染黑，或許源自於那所謂的年輕、好看，或至少和別人一致。所以這是你選擇黑的想法。那選擇金黃色呢？你或許很清楚自己不會這麼做，因為那和大部分的人不一樣，會讓自己太突顯，在眾人的目光注視下，總是不好意思。當然，也可能你對於這個顏色沒有什麼好感，也不習慣它的存在。所以，這是你對金黃色的看法。

重點就在這裡了，孩子也有專屬於他對金黃色的解讀。例如：就是因為金黃色太突兀，所以很容易吸引他人的關注，而這或許也就是青春期孩子期待或想要的。展示與期待被你看見，我與眾不同的特質。

當然也可能金黃色賦予孩子特有的解釋，例如黃色讓人感到樂觀、機智、明快、溫暖、淘氣，而金色就充分發揮了黃色的極致。在染髮之下，請試著看見孩子的任何想法，一種展現自我的想法。

訣竅071 魅力的所在

有時，青春期的孩子對於自己的外在，如同孔雀開屏般，期待吸引著旁人的目光。請不要輕忽染髮所要傳達的魅力，及孩子想要透過小小的打造，而創新出屬於自己的風格。

試著聽聽看青春期孩子對於魅力的看法。有時孩子調整的是髮型，有時運用不同的染髮色系來忠實呈現理想中的自己。同樣地，有些孩子是選擇服裝造型，有些則是刺青，各有所好。

但無論如何，在這當中，你都會看見青春期孩子如何掌握自己身體的主控性，透過一些無論是染髮、造型、服裝、刺青等改變與自我探索，感受做自己的全新體驗。

訣竅 072

避免讓讀書成為代罪羔羊

有時，父母很容易將讀書視為是孩子生活中的絕大部分。當然，父母賦予讀書這件事有著很大的加權比重，多少可以令人理解。但是，當凡事都以讀書為優先，而否定了孩子其他的生活經驗。這時，讀書這件事就很容易莫名其妙地被孩子視為是眼中釘，甚至於從原先的不排斥，到後來索性視為厭惡的對象、拒絕往來戶。水火不容，勢不兩立。而讀書也因為親子溝通的不良，而成為代罪羔羊。

或許你可能總是擔心孩子把注意力、心思放到染髮這件事情上，而相對地，課業就少了被關注。但說真的，有時讀書與染髮還真的是兩件事，和平相處的話，說不定還能相得益彰。

困擾十四
我不是你的複製品

「唉呦，你在擔心什麼？這些什麼青春期孩子的叛逆、拗脾氣，時間一過就沒事了啦，反正到頭來還不是都得面對社會的現實。什麼自己想做自己，有自己的想法，阿揮媽我跟你說，等出了社會還不是都一樣得隨波逐流。做自己？先把工作找到做起來再說。堅持自己的想法？別鬧了，以我這麼多年在職場打滾的經驗，這樣的念頭還是不要有比較識相，免得老闆叫你走路。」阿揮爸對於老婆的擔心，不以為然地回應著。

「老公，難道你真的可以這麼放心不用去管阿揮可能的變化？」

「變化什麼？啊青春期到了，變的還不是那些？什麼荷爾蒙、青春痘、喉結、性徵，啊！還有啦！對女生會特別注意啦！到時候滿腦子都是性幻想啦！」對於阿揮爸有些戲謔地看著正值青春期孩子的轉變，阿揮媽其實心裡還真的滿擔心的。

「老公，我不曉得你是太樂觀，還是沒有看到問題的真正癥結點。哪有父母對於孩子的叛逆視若無睹，漠不關心，不當一回事。這樣的態度，讓我覺得風險很大耶，別忘了，我們可只有這個孩子。到時候，叛逆過頭，也回不來了，我看到時候，你怎麼辦？」阿揮媽很正經地說著。

「你沒有注意到，阿揮最近常常在叫囂，說什麼他不是我們的複製品？唉呦，是有些聽不太懂啦！但反正意思就是說，叫我們不要管他太多。老是抱怨為什麼都是我們說了才算，為什麼他的想法需要和我們一樣。」

「想法和我們一樣有什麼不好？拜託，我可是以過來人的身分，還有阿爸之尊來教導他耶，這有什麼不對？這年頭，孩子到了國中就是這回事，老子說什麼都不對，反正自己認為的才正確。結果呢？你看現在有多少年輕人出社會找不到工作？每個月薪水還不到22K，我看啊！這就是不聽老人言，吃虧在眼前的後果啦！」

「老公，你會不會扯太遠了一點？」阿揮媽有些不以為然。

其實，阿揮媽有些擔心夫妻倆的後知後覺，會不會孩子在轉變了，結果父母倆都還搞不清楚狀況。

「說真的，如果阿揮的變，弄得大家一看就知道，那不就代誌大條，事情不妙了。我才不要到了嚴重才來處理！」阿揮媽心有餘悸地想著。

青春期，親子相處訣竅

訣竅073 後知後覺？
訣竅074 長大就好？
訣竅075 我不是你的複製品
訣竅076 尊重原創的孩子
訣竅077 複製人生

訣竅073

後知後覺？

你是否對於孩子的叛逆後知後覺？說真的，孩子的叛逆真的不需要等到青春期，不一定要到十四歲，然後等到孩子大聲宣示「我叛逆了！」雖然青少年階段是孩子叛逆最容易形成的階段，但是你不至於一夜醒來突然發現孩子變成這副模樣，除非你先前對於孩子一點一滴的改變，是後知後覺，只差孩子沒有問說：「你竟然不知道我早已經開始轉變了？」

訣竅074

長大就好？

或許你心想：「反正等孩子長大成熟後，這場叛逆風暴就會過去。」但是很抱歉，如果我們在親子關係上，什麼都不調整，你所擔心的叛逆終將繼續，甚至於愈演愈烈，愈偏離你所預期與想像的路途。

長大就好？這句話常常自我暗示，面對眼前親職教養的挑戰，先按兵不動，消極應戰，無所作為。叛逆，不可怕。可怕的是我們對於孩子叛逆的漠視，對於成長事實的忽視。想要讓孩子複製我們的人生，往往讓親子兩人關係愈拉愈遠，終至陌生。

訣竅 075
我不是你的複製品

或許你希望孩子能夠直接復刻你的想法，按照你的方式去做，但有些孩子就偏不愛這樣。「不要用模子塑造我！」請仔細聆聽來自你孩子內心的聲音。沒有人喜歡被框住，像塑膠成品一樣。

有時，在孩子的叛逆上，你會聽見孩子的吶喊：「我有我的人生！我的人生我決定！你做不到的，不要要求我來做！為什麼我要走你的路！」或許，試著持平地問自己：「誰說父母與孩子之間的想法一定要一樣？」沒有人喜歡自己只是複製品，我想孩子也是一樣。

訣竅 076
尊重原創的孩子

每個孩子應該都有一套自己專屬的品牌，這品牌訴說著孩子如何想要刻劃出，屬於自己獨一無二的人生。「孩子，我要你和我一樣！」多沉重的一句話，如烏雲籠罩，讓孩子被壓得有些喘不過氣來。

多給孩子一些想法餘裕，多給孩子一些自主天空，好自由自在地呼吸做自己。或許青春期孩子所認定的自己，和你的想法差了十萬八千里，或許你在暗地裡對於這些不成熟的想法嗤之以鼻。

但請別忘了，這原汁原味的想法，仍然來自於孩子最忠實的想法。

訣竅077

複製人生

複製，多少也意味著你得被迫跟著做。複製，多少也強調著這時不會有你自己的存在。複製，雖然讓孩子少了一些嘗試可能遇見的挫敗，或加速抵達你對孩子的期待。但這終究還是不屬於他自己。

讓孩子照著我們的想法走，或許多少也透露著在你的預期下，能夠掌控孩子的部分也會多一些。當然，父母的心也會安一些。

有時你或許會驚訝於眼前的孩子怎麼超出自己預期的變化這麼大？「怎麼會這樣！怎麼會這樣！」或許你心中不斷地如孟克的畫吶喊著。如此期待的反差，讓你一時無法接受這樣劇烈的轉變。

也許有些孩子心甘情願或不假思索地順著你的想法走，跟著你的模子做，但如果你的孩子已經對「複製」發出「No！」這時請試著先想想當孩子不願意配合著我們做的時候，我們自己到底在反彈什麼。

當然，這時你也可以順著思考，在自己的成長過程中，是否也曾經被迫要和父母一樣？壓抑自己的想法，滿足爸媽的期待？如果你自己也曾經走過這段路，想想當時可能存在的想法與感覺，是否和你現在眼前的青春期孩子一樣呢？

困擾十五
請尊重我的想法

「阿廷，我跟你講，你不要再作白日夢了，想法一點都不切實際。你以為玩玩線上遊戲以後還可以玩到有大學文憑？還想找到寫遊戲程式的工作？騙誰！我看這都是你的藉口啦！說好聽一點是設計程式，講白一點就是滿腦子想玩電玩嘛！還在給我說一大堆，繞圈圈。」阿廷爸不以為然地說著。

「可是，爸，我花了許多時間收集到有些大學所開設相關科系，像是『數位科技設計學系』、『多媒體設計系』、『數位媒體設計學系』、『資訊多媒體應用學系』，就表示在未來就業市場上有這個趨勢啊！」阿廷試著把自己的努力讓爸爸知道，希望能夠軟化他反對的態度。

「唉！你不用跟我講那麼多啦！你以為網路上收集幾個系所的訊息就想要說服我？沒那麼簡單啦！別老是跟我談些什麼創意開發、行動裝置娛樂、網路多媒體、電腦遊戲製作等。我跟你講，電腦遊戲偶爾玩玩、娛樂就好，你可別給我當真，拿自己的前途開玩笑。」

爸爸一波一波的否定，讓阿廷深感挫折。但阿廷心有不甘地表示：「為什麼你都不願意好好聽我的想法？或許我的想法還不太成熟，但是我必須要跟你說，這就是我．的．想．法。」阿廷一個字一個字地強調。

「你的想法？能當飯吃嗎？現在讓你這麼胡搞瞎搞下去，好啦！高中畢業了，考上你所謂的電玩系，然後呢？最後是不是又找不到工作，回來當啃老族？」爸爸語帶酸味地說著。

但阿廷也不甘示弱地反駁，「抱歉，我要念的不是電玩系。你根本到現在都還沒有真正聽懂我在說什麼。嗯，不要說懂，我看你根本連聽都沒在聽。我這麼說，總該對了吧！」

「為什麼就只有你們大人說了才算？不要說以後想要讀的科系，連我交哪些朋友、去哪些地方、暑假想打工學經驗，你們都有理由反駁。為什麼？為什麼？難道我都不能有自己的想法，你們到底在害怕什麼？」

阿廷愈說情緒愈激動，雙拳緊握並拉高嗓門，「你們大人很矛盾，一下子說我長不大，一點想法都沒有。等到我好不容易表達自己的內在想法，你們又一概地全盤否決。幹嘛？整我啊！為什麼一點都不尊重我，我高二了耶！」

青春期，親子相處訣竅

訣竅078 不要馬上否決
訣竅079 請不要害怕我的想法
訣竅080 請尊重我現在的想法
訣竅081 換個角度看世界
訣竅082 照單全收？

訣竅078

不要馬上否決

尊重，最基本的一件事，就是讓對方把想說的話說完。為否定而否定，有時，可能都還沒仔細聆聽孩子到底想要表達什麼。當你這麼突兀地就將孩子的念頭切斷，其實很難讓孩子心服口服。

說真的，你是否知道孩子要和我們分享的內容是什麼嗎？這如同像上述阿廷的例子，關於自己想要選填的科系「數位科技設計學系」、「多媒體設計系」、「數位媒體設計學系」、「資訊多媒體應用學系」等等，我們的內心是否真的知道他在說什麼嗎？

如果連聽都沒聽，不解，就直接否決，當然也就阻斷了親子溝通的管道，及了解孩子內心的機會。

當你把這扇了解之窗關了、上鎖了，多少也宣示著彼此沒有什麼好談的。短時間孩子不跟你談，或許你還無所謂。但當孩子不談的時間一拉長，頓時，很容易讓你後悔莫及。

訣竅 079

請不要害怕我的想法

你是否會害怕孩子所表達的想法？特別是這些想法可能讓你感到陌生，或者與你預期的差距太遠。與其說是叛逆，倒不如說是孩子自己真正地訴說了一場他對於自己未來想法的展現。

但是為什麼我們總是容易讓孩子的想法胎死腹中？為什麼我們常口口聲聲說的尊重，總是容易煙消雲散？請讓孩子把話說完，眼神注視著他，讓耳朵發揮功用，細細聆聽。無論最後你是否同意他的想法，但請讓他把話說完。今天你聽完他說的話，明天就有機會讓他聽完你說的話。尊重，從身教開始。尊重，來自於彼此。

訣竅 080

請尊重我現在的想法

如同孩子的吶喊，為什麼小時候我們希望他有自己的想法，但當孩子真正展現出自己的想法，我們卻退卻了。難道我們害怕孩子長大？請珍惜孩子願意跟我們說這件事的機會。有說，你就有機會知道孩子現在的想法。或許不成熟，但這本來就是一場必經的過程。不要期待想法像開關，一切換就直達成熟。當孩子現在開口了，這就是他當下原汁原味的想法。你是該聽聽他每一段成長歷程的聲音。

訣竅 081

換個角度看世界

想像一下，你和孩子從不同的角度來看八卦山大佛。當你正面看，當你背面瞧，除了虔誠的心相近之外，很自然地彼此所呈現出的影像當然有所不同，但你不至於會和孩子爭辯到底是正面的大佛才是正確，反面的大佛不對這回事。因為這裡面關係著尊重，尊重彼此所見。

面對青春期孩子的想法也是一樣。不同世代本身對於事物的解讀就存在著差別，當事人與旁觀者也都因此有著不同的感受。請開放尊重的心，接受孩子有孩子的想法，父母有父母的看法，而父母的意見與建議，僅為參考。授權碼仍然在孩子的手上，至少對於他切身的事物，也該有百分之五十以上的持股決定權。

訣竅 082

照單全收？

你可能會有些疑慮，「難道對於青春期孩子的想法都得照單全收？」我想，倒也不是如此。畢竟孩子有時對於眼前的事物未必清楚，對於未來或許也模糊。而父母的適時尊重與陪伴，有時如同行車記錄器，至少讓孩子能夠隨時掌握自己的成長路況，並適時回頭檢視、修正與調整。

也就是說，面對尊重，倒不是說父母都無所作為。但承認孩子有想法的決定權，並適時依孩子的需求而非父母的期待給予建議。我想，孩子是會樂意接受有你這位諮詢專家。

困擾十六
我不是小孩子

「我不是跟你說過了嗎？放學後，我會自己和同學走去補習班，你幹嘛老愛沒事就騎摩托車來校門口等我？真丟臉，被同學看見，還以為我是長不大的媽寶！」

「小墨瑞，你怎麼這麼說呢？媽媽騎車來接你，怎麼會讓你丟臉呢？」

「不要再叫我小墨瑞！我已經長大了，別忘了我現在已經是國三了，請直接叫我的名字，不要一直在那裡小墨瑞、小墨瑞、小墨瑞！」

「好啦！好啦！Murray，安全帽先戴上，媽媽載你去補習班，這樣比較快啦，也不會走路走太累，等下吃不下飯，上課沒精神。」媽媽說完，作勢要幫Murray戴上安全帽時，被孩子一手推開，「我已經跟你說，我會和同學一起去補習班，你現在趕快離開啦！很煩哩。」這時一旁的同學發出噗嗤的竊笑聲。

「走啦！薯餅走啦！」Murray右手用力地拍了綽號薯餅的何逑炳快步往前走。

「再見！小墨瑞的媽。」薯餅轉身親切地和Murray媽說再見。

「小墨瑞個頭啦！薯餅，我再警告你一次，下次如果再讓我聽見一句小墨瑞，小心你這塊薯餅變薯泥。」Murray鄭重其事地警告著這個在班上的好同學。

「拜託！你都叫我薯餅了，叫個小墨瑞又會怎麼樣？」

「你……」Murray右手握拳作勢要揮向薯餅的後腦勺。

「好、好，我不說，但我要跟你說，伯母還在後面跟著耶！」這時Murray頭也不回地，快步往前繞至小巷子裡。後頭的薯餅也邊跑邊嚷著，「等等我，等等我。」

這個晚上，Murray把自己關在房裡一步也不出來。當然，對於媽媽在門外的敲門聲也置之不理。Murray媽知道孩子補習回來後，板了一張臉，眼睛連看也不看媽媽一眼，房門用力一甩，砰的一聲，就不再有任何反應。

這樣的景況，其實三天兩頭都在上演，Murray媽其實還是感到一頭霧水，心想：「我到底是哪裡做錯了？孩子現在上學、補習那麼多時間在外，我只是想說多增加一些親子相聚的時間，載他去補習班，難道不對嗎？」「而且現在治安那麼壞，放學後，路上一群看似放學後在遊蕩的國中生，買香雞排的、珍珠奶茶的、書包的帶子長到幾乎拖在地上走的、偷叼根菸的、男女學生嬉笑怒罵的、三字經來，七字經去的，看了就讓人不放心。」「而且小墨瑞畢竟還是個孩子。」媽媽心裡篤定地想著。

青春期，親子相處訣竅

訣竅083 不要用那幼稚的語氣和我說話
訣竅084 放手讓孩子展翅高飛
訣竅085 媽寶出沒，注意？
訣竅086 傾聽孩子想要長大的聲音
訣竅087 直接探詢想法

訣竅083

不要用那幼稚的語氣和我說話

在父母的心目中，孩子什麼時候才真正算是長大？或許每個人都有不一樣的譜。但是，對於青春期的孩子來說，別小看我，以及別把我看小，這兩件與長大有關的事，卻是非常在意的，幾乎沒有什麼協調的空間。

有時，父母需要試著覺察「為什麼孩子到了青春期，我還是習慣稱呼他的小名、乳名？甚至於以對待小小孩的口吻和他說話？」這看似親密的舉動，其實在孩子的眼中、耳中盡是不舒服的感受。除非孩子樂於接受你如此的互動方式，否則當孩子已經明確地表達出自己的想法時，請試著尊重他的感受，同理他的反應。

「請以符合我年齡的方式和我說話。」這會是許多青春期孩子的誠摯呼籲。

訣竅084

放手讓孩子展翅高飛

不放心，往往是青春期父母對於孩子的感受之一，也就因為很難安心，所以這時你可能會把孩子拉在自己的旁邊愈近。當然，不自覺地也把孩子的成長鎖得更緊。

但我們是否曾經想過，這些不放心的理由可曾經說服過孩子，而讓孩子認同了你的做法？如果沒有，當然彼此的衝突就可以預期。

對於孩子教養的收與放，在兩端間如何拿捏，是種敏感的藝術。你必須細微地觀察在你收的過程中，不同的力道對孩子所呈現出的各式抗拒反應。同樣地，在放的過程中，你也不時體會到焦慮或擔心的感受席捲而來，同時還挑戰著自己的抗壓程度。

試著在安全與合理範圍內，和孩子溝通、討論、協商出彼此可接受的互動模式。接著全然的信任與放手，套句林依晨在蘇菲衛生棉廣告上的一句話「超放心」，你的態度將會讓孩子十足感受到自己有那股展翅的翱翔能力。

訣竅085

媽寶出沒，注意？

或許你可能出現像Murray媽一樣的困惑，心想「我到底哪裡做錯？」特別是當你自認為應該多增加親子相聚的時間時。這麼做，到底錯在哪？我想，重點不在於親子相聚時間長短的拿捏，而是相聚方式的適當性，特別是當青春期孩子在同儕面前時。

請記得，面子會是這一階段孩子相當在意的事情，特別是同儕如何解釋及看待你和他之間的互動關係，媽不媽寶就在這裡。請記得，不是每個孩子都喜歡讓自己成為別人眼中的媽寶。當然，你也要提醒自己，不要讓孩子的成長往媽寶這個方向前進。

訣竅 086

傾聽孩子想要長大的聲音

「我自己來。」「我自己會。」「我自己可以。」當孩子充分表達出如此的自信，這時你應該要感到欣慰與高興，因為眼前青春期的孩子又往成熟之路邁進一步。

傾聽孩子想要長大的聲音，當你聽見了、反映了、支持了、肯定了、認同了。說真的，你要的親子關係的親密也近了。

訣竅 087

直接探詢想法

你可以直接探詢孩子的想法，讓他試著將心裡所想說出，這也會是很好的一種親子溝通機會。例如：「Murray，你希望媽媽怎麼做，會讓你覺得比較受到尊重？」也許孩子會成熟地回答你：「媽媽如果你真的那麼愛叫我小墨瑞，那麼請在家裡說就好，雖然我真的不太愛這暱稱，畢竟我現在已經國三了。但在外面請尊重我的感受，我不希望小墨瑞三個字，讓我在同學面前被嘲諷、揶揄，活像個長不大的孩子。」

困擾十七
沒有人了解我

「老公，我怎麼覺得對於Bruce愈來愈陌生？有一種漸行漸遠的感覺，好像我們親子關係已經過了保固期。這種陌生我還真的說不上來。我心裡在想，如果我們之間沒有人想要突破這個現況，加以改變關係，這陌生感只會愈來愈濃，這種感覺真的很令人討厭。」Bruce媽有些消沉地說著。

「陌生？這孩子不就住在我們主臥房出了門，穿越客廳往右前方直走不到十步遠的地方，這還陌生？」

「老公，你說得倒輕鬆，那我倒想問問你，到現在Bruce十四歲了，你懂他多少？」「懂多少？我當然懂啊！他不就……」

「不就怎樣？說啊！我讓你慢・慢・說，我看你到底可以說出個什麼。」

「你拜託，平時我要上班那麼忙，Bruce的大小事不都是你在張羅。」

「所以呢？所以你可以忙到兒子都已經十四歲了，你都還搞不清楚他在想什麼，他在關心什麼，他的生活到底是圓的、扁的？」

「平時你只會開口閉口說什麼Bruce只會叛逆、叛逆。叛什麼逆？如果連你我都不清楚孩子原本的模樣，我們只會抱怨叛逆，還能幹嘛？」

說到叛逆，Bruce媽還真的仔細想想這幾年孩子的變化。說話是衝了點、嗆了些；耐性是少了點，很難聽進去父母的話；情緒煩躁了些，莫名其妙的易怒也容易撞見。一天裡，母子倆的對話少到不能再少。其實Bruce媽發現自己因為要求他多，孩子則索求多，至於彼此的內心對話，當然就更微乎其微，這也是Bruce媽一直在擔心的事。

「你們根本沒有人了解我。」對於老公所說住在主臥不到十步遠的Bruce，這是他經常會掛在嘴邊的一句話。當然在說這些話的當下，媽媽是可以感受到孩子的些許憤怒。Bruce媽真的很想了解自己的獨生子，但總是不得其門而入。

「為什麼孩子拋出了訊息，但卻又不願意敞開心胸，讓父母來認識？難道是我們方法不對？可是說關心，我們做父母的該做的都已經做到了啊！」Bruce媽真的很疑惑，同時對於孩子邁入青春期這件事有些膽戰心驚，生怕一有閃失，會對孩子愈來愈不了解。

青春期，親子相處訣竅

訣竅088 不要只期待我乖

訣竅089 除了乖，你們還知道我什麼？

訣竅090 不要只強調你的期待

訣竅091 你多久沒有注意到我？

訣竅092 親子民宿

訣竅088

不要只期待我乖

乖是許多父母期待孩子所能夠表現的事，孩子因為符合父母心中期待的乖，所以因此為自己帶來所謂的獎勵，無論是物質的、權力的或者是社會性的注意，例如父母的關愛眼神、讚美、擁抱等。

但是當乖這件事，開始與孩子的成長顯得格格不入，至少有些孩子在接近青春期時，開始對乖這件事起了反感。「不是我不想乖，當然也不是我要變壞。」

請記得，不乖並不等同於所謂的變壞。不乖，某種程度只是在於沒有按照你的期待或模式配合，這並不表示孩子就一定會違反社會規範，變成你所擔心的壞小孩。

「我是要成為父母心中的乖孩子，還是期待長大之後能夠做自己？」這樣的聲音不時在青春期孩子的腦海裡翻騰、拉扯著。

訣竅089

除了乖，你們還知道我什麼？

乖，有時真的容易令父母感到鬆懈，特別是在進一步了解孩子的這件事情上。

「除了乖，你們還知道我什麼？」在演講中，我常和現場的父母分享這句話，用來彼此提醒面對眼前的孩子，我們是不是僅止於認識孩子表面上的乖巧，但卻無法深刻地去了解他的內心到底是如何。這也是我為什麼總是強調一件事：「你可以說說看自己的孩子多久？除了抱怨之外。」

訣竅090 不要只強調你的期待

在親子關係中，我們很容易將目光聚焦在孩子是否能夠達到我們的期待。但也很容易因此就忽略了孩子自己內在的需求，關於他自己這個人的一些想法與感受，及行為與態度背後所要傳遞的訊息。

當孩子說話衝了點、嗆了些，他所要傳達的訊息會是什麼？當他的耐性少了點，話很難聽進去，這又讓我們看見什麼？同樣地，情緒煩躁了些，莫名其妙的易怒是否也讓我們看見關於孩子更深層的訊息？

訣竅091 你多久沒有注意到我？

當一個人被懂、被了解，其實是一種很棒的感受與經驗。當青春期的孩子發出

「沒有人了解我」的聲音時，你的心裡是否被投入一顆小小的石頭，而激起陣陣的漣漪？「你知道我要什麼嗎？」「你知道我在幹嘛嗎？」「你知道我在想什麼嗎？」「你知道我是如何看待這個世界？」「你知道我想要成為怎樣的一個人？」試著聽聽看來自於你孩子的內在聲音，試著讓孩子覺得你真的了解他、懂他。

當你懂他，他配合的機率就大很多。叛逆的味道就淡很多，其實，孩子還是很重義氣的啦。

訣竅092

親子民宿

有時，對於父母來說，明明近在眼前的孩子，怎麼感覺像遠在天邊。看似身體距離很近，每天在一個屋子裡，不同的房間裡走動，甚至於視線交會，但卻又因為沒有交談、關注彼此而備感陌生。

好吧！就像是住民宿好了。投宿的客人與民宿主人之間多少也會有些噓寒問暖，多少也會彼此分享所見所聞，這也是許多民宿主人與客人之間的美好交集。

假如青春期的孩子就像住在民宿的客人，或許身為主人的你應該要來思考「我這家民宿吸引他住宿的理由會是什麼？」你可以開始腦力激盪。例如：主人（父母）會和他主動分享自己的理念、想法、經驗及喜怒哀樂等。主人會樂於撥出時間，坐下來，身體前傾，眼神專注，仔細聆聽客人（孩子）對於當下、過去、未來的一些想法與感受。因為是彼此分享，所以這當中就少了要求對方一定要怎麼做的強迫感。

同時，因為民宿主人的信任與尊重，所以客人就可以自由自在優游於這屋子裡，甚至於愛上這裡。

困擾十八

我終於做到了

套句陳綺貞在演唱會上說的一句話，「我終於做到了！」Audrey也在自己的心中大聲地說著。

她知道在美容美髮造型這段路途上，很少有家人支持的聲音存在，反而是爸爸常以風涼話在一旁數落著，「放著公立高中第二志願不念，硬是給我辦休學。如果要做洗頭、吹頭、剪頭髮這些雜事，幹嘛讓我花那大筆錢，苦心積慮地讓你讀上明星高中。你們學校有哪個人像你一樣這麼落魄？淪落至此。」

爸爸這些酸中帶澀的話，Audrey不是沒有感覺，也並非沒有因此和爸爸吵過。單單為了高二上辦理休學這件事，家裡就鬧了大革命。

說到規勸，就連媽媽自己本身也不認同Audrey好好的明星高中不去念，竟休學跑去學美容美髮。

「Audrey，你好歹也把高中念完，然後考上理想的大學再說吧。不然，你突然之間辦了休學，連高中學歷都沒有，那不就是等同於只有國中畢業的學歷，這……你爸爸的臉可是在家族和同事之間掛不住啊！」

「掛不住？老爸臉掛不住關我什麼事？」

「怎麼不關你的事？別忘了，你可是家裡的掌上明珠耶！」

「然後呢？」Audrey冷冷地回問。

「嗯，還在問我然後呢？你想想在我們的親戚之間有誰只有國中畢業的？更何況在你爸的外商公司裡，哪個員工不都是國內外研究所畢業？」

「所以呢？」

就這樣，Audrey與媽媽不斷地在這話題上繞啊繞。當然，Audrey還是很清楚自己的想法，也仍然很堅持自己所要做的事。

Audrey很清楚，自己不是沒有想要與爸爸溝通，只是對方的門似乎不願打開。國中時，她就嚮往能夠像在Happy Hair這樣的地方工作。只是那些年，每當自己興沖沖地想與爸爸分享時，他總是連聽也不聽，愛理不理地掉頭就走。

Audrey也曾經退卻、猶豫、懷疑過自己是否該如此地跳Tone。當然這所謂的跳Tone是從家人的眼光來看。當個乖乖女，順從父母的要求，完成父母的期待，Audrey在國中那三年也自覺做了為人子女該做的事。只是她很清楚，這麼做只是為了迎合爸媽的期待，給足了爸爸媽媽在親友之間的面子，但是對自己來說，卻也壓抑、委屈了些。

「我終於做到了！」Audrey這回終於通過面試，即將於下週一前往自己心所嚮往的髮型店工作。雖然薪水微薄，前途似乎也不明確，同時迄今父女倆也因為這些事持續冷戰著。

但Audrey欣慰的是，或許美髮造型這段路也可能崎嶇難行，或走幾步後，此路不通，甚至或許沒多久可能再度回到校園。但無論結果如何，終究這回在當下終於做了一次自己，聆聽自己內在聲音的自己。

青春期，親子相處訣竅

訣竅093 圓夢，圓誰的夢？
訣竅094 對孩子的決定懷疑
訣竅095 我的生涯簡報
訣竅096 我終於做到了！
訣竅097 是誰規定人生就一定要怎麼樣

訣竅093

圓夢，圓誰的夢？

你是否曾經幫孩子圓過夢？當然你可能會說：「哪沒有，以前她想要什麼，我就買什麼？什麼芭比、肯尼啊！班恩傑尼的粉紅屋啊！甚至於吵著想要養波斯貓，連我這個對貓咪過敏的媽媽都答應了！怎麼沒幫她圓過夢？」

那除了這些傾向於物質的夢之外，隨著孩子成長邁向青春期，開始對於自己的未來有所期待的夢想呢？或許你可能會說：「等等，這樣的夢可不一樣了。」為什麼會不一樣？不同階段的孩子，擁有不同的夢。從幼兒階段的玩具夢，以至於到青春期的理想夢。那為何孩子的這個理想夢，會讓你裹足不前，甚至於設起柵欄，宣告「此路不通」？

訣竅 094

對孩子的決定懷疑

當你吝於對青春期孩子的決定支持，或許關鍵也在於你的懷疑，懷疑孩子怎麼會有那樣的能力來決定自己的未來。但請真的不能輕忽、小看青春期孩子對於自己築夢的堅持，及對於自己所選擇的見解。請先不要預設立場，聽她好好說，就像是對你做簡報也行。

訣竅095

我的生涯簡報

或許讓孩子進行一場簡報，當然倒不是要弄個PowerPoint的樣子，但是你真的可以讓孩子說說她的想法與計畫。你的開放態度，會讓孩子感受到你所給予的尊重，一種對於她的看法的尊重。

在這親子溝通的簡報裡，你或許可以讓孩子試著用幾句話（關鍵想法）來讓你了解自己的決定，例如上述Audrey對於想從事美髮造型的理念。或許孩子會回答你，她想要透過美髮造型去實踐「創意」、「美學」、「改變」與「自信」等。

當然，同樣地，你也可以試著來一場簡報。但這內容倒不是要你條列許多負向批評，強調她為什麼不能做出如此的選擇，而是從孩子的需求出發，以客（孩子）為尊，其實孩子想要知道的是，「你可以為她的夢想做什麼？」「為什麼要接受你的想法？」以及「我可以怎麼做，而達到我的夢想？」

請彼此開放，叛逆有時反而會是啟動親子溝通的那把鑰匙。

訣竅096

我終於做到了！

「我終於做到自己所想要的。」「我終於做到父母所期待的。」這兩件事對於青春期孩子的意義完全不一樣，前者完成了做自己的夢想，而後者則是履行了被交付的任務。前者會讓孩子有更深層的自我實現成就感，而後者則是負起責任，交差了事，終於可以稍微休息一下了。試著問我們自己，我想要做到的是什麼？

訣竅097

是誰規定人生就一定要怎麼樣

如果你的孩子問起了你這句話，不曉得你是否會一時語塞說不出來？或許也在點醒著我們是否總是容易陷入理所當然的框框裡。

「反正，聽我的就對了！」這反正，讓孩子實在是不敢恭維，不願意領情，因為一點說服力都沒有。

有時，我們老是抱怨青春期的孩子叛逆愛頂嘴，倒不如轉個彎想，是否我們老是說不出一套說服人的理由？於是敷衍、搪塞、打迷糊仗，反而讓孩子氣難消。「是誰規定人生就一定要怎麼樣？」

困擾十九
請尊重我的肖像權

「把我的照片拿下來，幹嘛沒有經過我的同意，就把照片po在臉書上？」

「可是那張照片很可愛啊！」

「可愛？拜託，幼稚得很，把它拿下來，請尊重我的肖像權。我不想要把那小時候矬矬的模樣公諸於世，拿下來。」

「可是，那張兩歲的模樣真的很可愛啊！你不覺得很像在《嬰兒與母親》雜誌上所看到的一樣卡哇伊？」

「卡哇伊個頭啦！拜託我現在都幾歲了，還放那幾百年前的舊照片，到時候讓我的同學看見了，我不被笑死才怪。」

「可是我是貼在自己的塗鴉牆上啊，瀅瀅。」

「拜託你，好不好，請有點基本常識，你在那張照片上tag我耶，只要是我臉書上的朋友都可以看見啦！」

「那媽媽就取消tag不就得了。」

「不行！那是我的照片，你憑什麼po上去？連問都沒問，一點都不尊重我。」

「瀅瀅，可是人家看不出來啊！更何況那張照片真的很可愛，媽媽只是想和我的朋友分享，畢竟我家女兒瀅瀅都已經長大成亭亭玉立的小女生了。」

「還在小女生，我已經是十五歲的女生了。請・尊・重・我・的・權・利。」

說真的，瀅瀅媽仍然感到一頭霧水。自己只是興之所至地把以前孩子的成長照片翻出來，瞧一瞧，發現滿有意思的，就比照一般人的慣例將孩子的照片po上臉書。

「就這麼單純，瀅瀅到底在氣什麼？在執著什麼？反對什麼？」

她知道瀅瀅在自己的臉書塗鴉牆上放了好多的照片，那張大頭貼還是在房間自拍的相片。為什麼她只是將小時候的照片放上來，瀅瀅的反應就要這麼大？

當然，媽媽知道，在過了小學六年級，開始進入國中之後，要和瀅瀅拍個照真的是難上加難。每回只要是照相機的鏡頭對準她時，瀅瀅要嘛起身離去，要嘛用外套將臉蓋住，再不然就側頭過去。這些年的家庭相簿裡，已經愈來愈少看到瀅瀅的身影。

只是媽媽仍然不解，「為什麼她自己常跟同學耍酷、裝可愛、扮鬼臉合照自拍，但卻對於家人的邀請謝絕於外。為什麼同樣是拍照，卻差這麼多？」瀅瀅媽望著螢幕上的臉書塗鴉牆思索著。

青春期，親子相處訣竅

訣竅098 細微見尊重
訣竅099 選擇見尊重
訣竅100 聆聽見尊重
訣竅101 感受見尊重
訣竅102 告知見尊重

訣竅098

細微見尊重

青春期的孩子對於尊重這件事相對是敏感的，無論是臉書上一個小小的tag是否事先告知，這時對於孩子來說，心裡的感受都會大不相同。

尊重，總是我們希望孩子能夠做到的。同樣地，我們也可以來想想，在日常生活中，我們也做出了哪些舉動，雖細微，但是讓孩子感受到舒服，因為你有尊重到我。例如，進房門前先敲門，臉書貼照片時先徵詢孩子的同意，說話時眼神專注看著他，手上不做別的事，「請」、「謝謝」、「對不起」適時說出等。這是一種身教的落實，你做到，孩子也容易模仿到、內化到。

訣竅099

選擇見尊重

當我們很想將眼前青春期孩子年幼可愛的照片po上網，除了事先告知，徵詢同意之外，或許你可以讓孩子有選擇的權利。

「瀅瀅，這裡有幾張你小時候的照片，你先看看哪一張自己覺得最適合，媽媽想要放在臉書上和朋友分享，並作紀念。」

在你的張貼動作執行前，讓孩子有權利做決定。縱使青春期的孩子最後告訴你都不要，至少她也做出了一些自主性的表示，而你也漂亮地做出告知的尊重動作。

訣竅100

聆聽見尊重

或許你可以聽聽看孩子拒絕的想法，例如：「可愛？拜託，幼稚得很，把它拿下來，請尊重我的肖像權。我不想要把那小時候矬矬的模樣公諸於世，拿下來。」這時，多少傳達出孩子想要展現已經長大的訊息，且不希望和幼稚做連結。同樣地，也期待自己在別人心目中的正面形象與好印象。

「還在小女生，我已經是十五歲的女生了。請・尊・重・我・的・權・利。」這句話，讓你聽見什麼訊息？十五歲的孩子怎麼看自己？她希望別人如何地對待與尊重？或許也是這小小的臉書tag相片，讓我們多一些了解青春叛逆、做自己的訊息。

訣竅101

感受見尊重

「可愛」、「卡哇伊」或許從我們自己主觀的角度，眼前孩子年幼的照片真的是張張動人、張張可愛，有時甚至於巴不得乾脆來個大展示，列出歷年精選，將孩子的成長過程與眾親朋好友在臉書上分享。

如此的心情非常非常的自然，甚至於我自己也常常這麼樂於分享。只是在這不斷的分享過程中，也逐漸地需要考慮到同一張影像，主角（孩子）與觀看者（父母或其他人）的感受是會有不同。你所傳達出來的「可愛」、「卡哇伊」，轉到青春期的孩子，或許就成了「矬矬的」、「呆呆的傻瓜」的印象。

當然，還有一種感受，孩子或許想傳達的是，「我已經長大，我有現在專屬的模樣，不要再用幼稚的照片破壞我在朋友心中的印象。」或許，我們會喊冤，「哪來的破壞？爸媽只是很單純地想分享、留念。」但這是孩子當下的感受，真實的感受，請尊重這份感受。

當然，你也可以同理反映這份感受。「瀅瀅，媽媽感覺你似乎感到有些難堪。我猜，是不是我把你兩歲還含著奶嘴的照片放在臉書上分享，讓你覺得很尷尬，擔心破壞自己在朋友心中的印象？」

訣竅102

告知見尊重

當青春期的孩子捍衛自己在網路上的肖像權，其實在這當中，她同時也在傳達一件事：請尊重她的「自主性」。

因此，凡事多一些事先告知，知會孩子你想要做的事，聽聽看與尊重她的權利。請勿先斬後奏，事後報備，這時往往容易壞了彼此的心情。分享是一種很美好的經驗，如果彼此尊重的話。

困擾二十
不要拿我來比較

「小雅，你也多跟小優學一學，你看姊姊多懂事，自己都知道什麼時間做什麼事情。下個禮拜就要考試了，你就別再浪費時間在那邊塗塗畫畫、剪剪貼貼的。都國二了，怎麼都還在做這些小朋友的玩意。趕快像姊姊一樣，多花一點時間看書，看看能不能也考個班上前三名。」

「別老是拿我跟姊姊比，我是我，她是她，她要做什麼關我什麼事，我現在想要做什麼也是我的事，你幹嘛老愛管我？想看書，你自己不會拿書出來看？囉哩叭嗦的。」

「你這孩子怎麼這樣？我是好意提醒你多向姊姊學習，這有什麼不對？說話態度那麼差，小優就不會像你這樣，怎麼同樣是父母生的，個性差那麼多？」

「你說夠了沒？有完沒完？我剛剛已經說過了，我是我，她是她，懂嗎？歐巴桑講不聽。還有請不要繼續在一旁吵我，閃一邊去！」這時小雅的說話語氣比剛剛更加重了些，心裡的厭煩也呼之欲出。

小雅知道姊姊的表現其實一直都很棒，父母和老師還有親戚常常稱讚她。自己倒不是嫉妒，也非羨慕，但卻很討厭從小一直被拿來和姊姊做比較。「奇怪，怎麼同樣是優雅兩姊妹，表現差那麼多？是不是原料或製作過程有差別啊？」這帶有酸味又不好笑的疑問，聽在正值青春期的小雅耳裡很不是滋味。

當周圍的人愈是愛說、愛比較，她就更故意讓這個印象與差距愈變愈大。小雅雖然有些氣，但她很清楚：「我想要做自己，我不是姊姊的複製品、替代品。」

只是這個自己到底長什麼樣，說真的小雅自己也搞不清楚。現在她只知道，姊姊愈愛看書，那她就背道而馳離書愈遠。小優說話愈溫柔、愈有禮貌，那自己說話就愈粗魯、愈唱反調。當然她並沒有想要學壞，但是讓自己擁有一些小小的壞，似乎也滿有個性的，多少也證明自己的存在。

眾人愈想要比較姊妹倆，小雅就愈想要跳脫那把尺。小雅心想，反正拉大那距離，印象就固定了，就沒什麼好比了。

青春期，親子相處訣竅

- **訣竅103** 物極必反擂台賽
- **訣竅104** 手足比較，讓孩子感受到什麼？
- **訣竅105** 手足比較，催化叛逆的速度
- **訣竅106** 找到孩子的專屬品牌
- **訣竅107** 父母評比、較勁
- **訣竅108** 一場自我評比的路跑

訣竅103 物極必反擂台賽

手足之間的比較，或許你有為人父母的考量，希望透過場場較勁，讓兄弟姊妹彼

此相互影響，讓處於下風的人可以因為良性刺激而奮發向上。但這往往事與願違，你每一回的比較，就像強迫將孩子拋上非自願的擂台賽，硬要在兩人之間一較高下、分出勝負。這種老是處在被比較、被迫得調整自己、符合別人期待與要求，往往讓青春期的孩子對父母更加的反彈。

「不要強迫我做誰。」請記得，沒有必要老是把孩子往擂台賽拋過去。你的每日拋，小心讓親子關係被拋得更遠。

訣竅104

手足比較，讓孩子感受到什麼？

每一回合的手足比較，總是讓被KO擊倒的孩子，將眼光望向自己的暗點。雖然這個暗點不盡然真的是孩子的弱勢，但透過父母的評論，這些被KO的特質可能在父母的眼中就是一片黯淡，急迫需要改善的地方。

例如對父母來說，相對於小優的讀書，小雅的塗塗畫畫、剪剪貼貼好像就是需要改變。當然這樣的標準設定，對於當事人來說，是無法接受的。誰說塗塗畫畫、剪剪貼貼就是被KO三振。

沒有人喜歡莫名其妙被KO，更何況對於青春期的孩子來說，「我的能力、我的特質，關你什麼事！」請試著同理與感受被比較孩子的心情，無論是厭惡、憤怒、無奈或煩躁。手足比較，讓孩子感受到什麼？這一點，請先思考。賞識每個孩子的亮點，讓優勢被看見。

訣竅105

手足比較，催化叛逆的速度

當父母愛在手足之間比較，相對被父母看待弱勢的一方，往往需承受著被迫改變的壓力。這一波波如同海浪襲來的壓力，也催化著青春期孩子的叛逆開始發酵。這就如同小雅心中可能浮現的想法，「讓自己擁有一些小小的壞，似乎也滿有個性的，多少也證明自己的存在。」我想，這或許讓你始料未及。但當孩子讓你感覺變壞，就怕你又再度將壓力加諸在孩子身上，讓青春的叛逆，又被激起漣漪。

訣竅106

找到孩子的專屬品牌

對於青春期孩子來說，我就是我，我有我自己專屬的風格，這訴求是相當強烈的。追求自我，或許和你的期待有所扞格。但如此的青春叛逆也是走向獨立自我的一股動力。

如同日本知名服飾品牌UNIQLO，請記得每個孩子也都應該有專屬於自己風格的特有品牌。當我們尊重了每個孩子的獨特性，接納了他們所有的存在，我想這時看待孩子的眼光就會柔軟許多。提醒自己，尊重每個孩子的風格與想法。

訣竅107

父母評比、較勁

當我們不自覺的老是愛比較手足之間的優劣，如果有那麼一天，家中的孩子也開始列出所有的父母較勁項目一一進行評比，甚至於來個每天的評比，與提出改進措施。這時的你會感到舒服嗎？我想，應該也很難冷靜下來。你可能會提出抗議：「爸媽怎麼可以進行比較，爸爸是爸爸，媽媽是媽媽，本來就不一樣。」同理可證，姊姊是姊姊，妹妹是妹妹，我是我，也請比照辦理，勿兩兩比較。

訣竅108

一場自我評比的路跑

你或許會有些微詞：「好吧！今天我做父母的，手足不比較，但是終究孩子在外面或未來仍然會被別人拿來比較，那到時候又該怎麼辦？」我想，這就關係到我們如何引導青春期孩子來看待「比較」這件事。

的確，比較無所不在，比較也很難讓孩子遁逃。但或許我們可以努力讓孩子試著以不同的觀點來詮釋比較這件事，就像是當你參加一場太魯閣馬拉松賽，無論全程或半程，就讓昨日的自己與今日的自己比，今日的自己與明日的自己比。讓「自我比較」激盪出好的改變。

困擾二十一
孩子自我放棄

「唉！這種成績怎麼能看啊！奇怪，該補、該加強的都做了，為什麼小艾的成績還是這麼難堪？到底是哪裡出了問題？說資質不夠，也不會啊！有什麼學習上的障礙，也看不出來啊！但怎麼老是考這種分數，成績始終上不來。」小艾媽搔著頭，仍然感到一股莫名的困惑。

「老師也是滿頭霧水，該私底下輔導、告誡、苦口婆心的叮嚀都做了，但怎麼看小艾就是一副自我放棄的模樣。對於參加社團活動又顯得有氣無力，常常得三催四請的，老公你說這到底該怎麼辦？」

「和小艾談，總是聊不到幾句話，你知道的，不管怎麼問，威脅啊！利誘啊！都還是給我回答那幾個字：『我不知道。』『還好。』『都可以。』『我沒意見。』什麼跟什麼，我可是非常有意見啊！奇怪到底是哪條筋不對，沒接好？」

「我的老爺，小艾她的爸，你嘛幫幫忙這到底該怎麼辦啦！再這樣下去，我看都沒有高中可以念啦！」

「怎麼可能沒有高中可以讀？現在少子化那麼嚴重，而且有些學校還都可能面臨退場，不可能讀不到學校啦！」小艾爸一副事不關己的模樣，讓媽媽火氣瞬時大了起來。「天啊！你竟然可以如此一派輕鬆的模樣，別忘了你家的小艾這兩年在班上的成績一直都在倒數三名徘徊，且老是坐穩最後一名，你竟然都不擔心，還告訴我，她一定都有學校可以念？你要想一想，我們家小艾可是沒有特殊學生的身分，到時候如果連她們班上資源班同學念的學校都比小艾好，我看你到時候該怎麼辦？」

「你難道都不擔心，小艾的學習態度低落對她未來有多大的影響，不要忘了她小學的表現可不是這樣的，這一定是哪裡出了問題？懂嗎？我不食人間煙火的老爺。」

說真的，小艾的成績與學習動機明顯滑落，但行為卻還是非常中規中矩，日常生活的作息還是照表操課，對於父母的態度除了回應少了些、單薄些之外，也沒有出現太大的異樣。要說叛逆嗎？好像又跟印象中的青少年叛逆不太一樣。「難道叛逆還有所謂的變形嗎？」小艾媽在腦海裡突然蹦出這個想法。

青春期，親子相處訣竅

- **訣竅109** 沒有出口？潑冷水
- **訣竅110** 相信孩子做得到
- **訣竅111** 聆聽孩子的需求
- **訣竅112** 尋找優勢力
- **訣竅113** 找出孩子的精采故事

訣竅109

沒有出口？潑冷水

當面對孩子的學業低落，父母時而的言語數落，「唉！這種成績怎麼能看啊！」

「怎麼成績還是這麼難堪？」這種如潑冷水般的刺激，對於自尊心強的青春期孩子，是否能夠被你冷醒，而更加奮發向上？還是因此更加落寞、消沉、挫折？

常會有父母認為，成績不理想就要講啊！就要提醒啊！就要說啊！他才會知道、才會覺醒、才會改變。但是我們必須要思考，在你的負向刺激之中，是哪個作用改變了孩子的想法與態度？將激將法運用在青春期孩子身上，反而常看見許多副作用。當你的負向言語不斷地在他腦海裡像海鷗盤旋，無形中，孩子的自慚形穢更加自我強化，自我形象更低落，而自我放棄的力道也更強勁。

訣竅110

相信孩子做得到

「孩子，我相信你做得到！」相信，不只是口頭說說，更是得用行動力支持眼前的青春期孩子。你該如何展現對於孩子在學習路途上的信任？但請提醒自己這裡所謂的學習指的不僅是書包裡的課本內容，而是泛指孩子對於周遭事物的關注與態度。

孩子需要的是鼓勵，而非打擊。如同前面的潑冷水，反而不容易讓孩子清醒，卻容易因此讓孩子在自尊與自信上受風寒。

你或許會質疑，「可是我也都有關心她，但是總是聊不到幾句話，不管怎麼問，她都還是回答那幾個字：『我不知道。』『還好。』『都可以。』『我沒意見。』啊！」關心、鼓勵不是不斷詢問孩子到底是怎麼一回事，而且你總是脫口一句：「成績怎麼會退步成這樣？」說真的，孩子也不見得知道原因在哪裡。

訣竅111

聆聽孩子的需求

你是否曾經聆聽孩子的需求？請再提醒一次自己，是孩子的需求，而不是我們的期待。試著把時間軸往前挪移，在孩子的自我放棄還沒形成之前，孩子的需要會是什麼。

當然在學習上的需要，並不表示就只是孩子需要補習，加強課業。有時，孩子的需要在於適時有人給予支持、給予肯定、給予陪伴、給予引導。青春期的孩子有時礙於面子與自尊，不見得會主動開口向你說，因此你的敏感、關注就顯得相當重要。

試著自我練習，覺察孩子的需要會是什麼，除了零用錢或使用電腦網路這些議題之外，你是否還能看透她的需求？

訣竅112

尋找優勢力

優勢這回事，不應該只存在於國語、數學、英文等這些學科上。雖然，這仍然是許多父母夢寐以求的事。當孩子現階段學科表現落在後段，如果我們仍然只讓孩子看到眼前分數這件事，說真的，要燃起孩子的學習動機，將如同木炭泡水般相當地困難。

請不要窄化孩子的優勢力只有在分數上，你需要有更寬廣的眼界來看待你的青春期孩子。有些孩子的優勢力落在責任感上，有些則落在貼心、懂事、善解人意。有的孩子優勢是展現在藝術表現上，無論是音樂、美術、舞蹈或手創作品。當然，有些孩子則在運動舞台上嶄露頭角。

訣竅113

找出孩子的精采故事

每個孩子都有一段故事，無論是短篇，如微電影一般。面對自我放棄的孩子，這時你須扮演的就如同影評人一般，試著找出孩子在生活中的精采故事，並讓它具體地呈現在孩子的眼前。在這裡，你會讓孩子看見主角（自己本身），在學習過程中的盡心努力，如何面對眼前的挫折並奮力突破。除了影評人之外，你同時扮演著電影觀眾的角色，發揮你對於主角的支持、肯定與愛護。

困擾二十二
孩子不出房門

「這孩子到底怎麼搞的，成天窩在書房裡幹嘛？我就不相信那麼認真在看書。像個陌生的房客一樣，拜託，如果真的是房客，總該也得出來見見房東，繳個房租嘛！難道還給我用轉帳、匯款的方式？」小芹媽有些微詞地抱怨著。

「哎呀，這你也在煩惱？女兒年紀慢慢大了，總有自己的自主意識，不想說就別要求她一定要說。畢竟她還是乖乖地在家裡，沒有在外遊蕩，總是放心些。」小芹爸緩緩地邊看報邊說著。

「但這孩子以前不是這樣子的啊！我說小芹爸，我們家就這一個寶貝女兒，除了出門上學外，回來她一句話、一個寒暄也沒有，就像隱形人一樣馬上關進房間，這怎麼不會讓我急、讓我擔心。我怎麼知道她到底在想什麼?」

「你愈急,她就愈不急。別忘了,和孩子之間有時總得要欲擒故縱,耍耍心機。」小芹爸頭也不抬,悠悠地說著。

「我還欲擒故縱勒!你也給我幫幫忙,別老是在一旁說風涼話。她已經多久沒出來和我們講個話?你故個什麼縱!」小芹媽氣急敗壞,怒視著小芹爸。

「這到底是太乖,還是在抗議什麼?我當孩子的時候也沒這麼難搞啊!」小芹媽是真的急了,因為她發現自己愈來愈不熟悉房裡的那個孩子。陌生,讓她感到很不自在,甚至於心裡摻雜著莫名的擔心。

「老公,你不知道那種孩子近在眼前,關係卻遠在天邊的感覺是多麼地讓人難受。」小芹媽真的很想、很想打破這個僵局,但她先前試過直接拿鑰匙開門進去,結果孩子仍然不說一句話掉頭就走。那一回,可也把自己給嚇著。

但心卻又想:「奇怪,她為什麼不發個飆、生個氣也好?」太靜、太沉默、太冷淡在母女之間,讓小芹媽感到渾身不自在。

小芹媽困惑地想著,「說小芹有問題?也不對。幾回在房門外,聽見她和同學在電話上有說有笑，照理說心情還滿愉快的，更何況老師也沒有特別談到孩子在學校有什麼異樣，成績在班上還是能夠維持在一個水準上。」

「但是回到家不跟父母說話這件事，就是讓我覺得不對勁。難道這也算是一種叛逆嗎？」小芹媽心想著，「她在叛什麼逆？」

青春期，親子相處訣竅

訣竅114 謝絕訪客
訣竅115 為什麼我要告訴你？
訣竅116 說理太沉重
訣竅117 生活的輕食分享
訣竅118 文字的力量

訣竅114 謝絕訪客

當孩子謝絕訪客，不和我們說話，在你感到錯愕與不解之際，或許可以試著去探究孩子的這舉動是要傳達什麼訊息給我們。關係不到？這往往是主要的原因之一。但你可能會更不解「關係不到？怎麼可能？這可是我的孩子耶！」但請記得一件事，關係本身並不是片面的、單向式的，非父母自己說了就算。

許多時候，父母遇見孩子青春期的叛逆，往往思考的是孩子該如何改變，殊不知當彼此的關係尚未緊密時，孩子很難跟我們開口說。想想孩子為何可以跟同學有說有笑，卻選擇緘默，不願跟我們開口？這當中矗著無形的牆，到底是要訴說著什麼。

訣竅115 為什麼我要告訴你？

這是我常問自己的一句話，為什麼孩子要告訴我？當然你可能會說：「我是爸爸、我是媽媽，孩子不跟我說，那他跟誰說？」要讓孩子開口說，是否我們有看到孩子想說的需求、想聊的動機。自我反省是青春期父母很關鍵的一項課題，但是也因為自我得覺察、自我得改變，所以往往也很難撼動父母調整的動機。「為什麼我要告訴你？」以孩子的立場，試著想想看，能不能找到可以說服自己的理由。

訣竅116
說理太沉重

當孩子不和我們說話，或許試著暫時停歇思考，在以前的親子對話中，是否有太多的說理在其中。說理，不是不能，而是太多的說理，容易讓對方覺得被迫要求改變。對於青少年，改變是強迫不來的。你施的力道愈強，他給你的反彈力道也愈強。差別只在於有些孩子決定和你嗆聲蠻幹，有些則選擇不和你對話消極反抗。

訣竅117
生活的輕食分享

與其強調說理，或許轉個彎，改用分享的態度。

分享，在說的過程中，你並不會有期待對方一定要怎麼做的要求，而對於聽的孩子來說，壓力與負擔也會少很多。分享，如果當中也讓孩子有了共鳴，反而更能拉近彼此的距離，有了更多的共同交集。

輕輕的分享，開啟自己的眼、自己的耳，你會慢慢聆聽到孩子的反應。從過程中，試著再一次練習熟悉自己的孩子。或許，你會有困惑：「那我該分享什麼？我哪有什麼好分享？」

先不要給自己畫地自限。分享什麼雖沒有標準答案，但或許你多少也須了解孩子，他想知道什麼、他關注什麼。至於父母哪有什麼好分享？其實，親子關係是一種雙向式的互動，有時，單向通車久了，就很容易造成溝通上的打結或壅塞，隨後就行不通了。

更何況，青春期的孩子還不一定那麼容易想要與你分享，如果連我們自己也認為哪有什麼好分享，那道路封閉就不遠了。

訣竅 118

文字的力量

有時孩子選擇不說，有一部分原因在於受困於親子對話之間的尷尬。如果父母都是跟孩子要求，而孩子都是向我們索求，當然彼此之間的心靈對話就少了，那麼開口傾訴心事就不太被啟動了。

尷尬總是讓人選擇脫逃，索性緊閉房門（心門），減少彼此溝通的機會。既然

「說」是如此令青春期孩子不自在，那就試著轉彎，以書寫替代，發揮文字的力量。紙筆書寫或打字輸入都可以，讓文字在傳達親子關係時，多給孩子一些緩衝的時間。

困擾二十三

志願選填，誰決定？

「反正你就是按照我的話去做，選組就給我填第二類組，就是這樣。」

「可是我對理化真的一點興趣也沒有，更何況我的強項是史地，而且我對歷史——」

「還在給我歷史不歷史，什麼都不用再想，就是給我填第二類組。」啟文爸語氣堅定、斬釘截鐵地下了定論，接著放下尚未吃完的三明治早餐，拿起公事包，看也不看孩子就直接出門上班。

「為什麼爸爸都不考慮我的想法、我的興趣。拜託，書是我在念，又不是他，為什麼都要由他來決定我的未來？」

「你就聽你爸的意見嘛！畢竟他已經出社會這麼久了，他以前也是念第二類組的，這些年長期擔任電機工程師，對於未來的出路，他比你清楚太多。」啟文媽邊收拾著桌上的餐盤，邊催促著孩子上學時間快來不及了。

「那是他，不是我，這是兩回事，更何況時代在改變，我有我自己的想法。我如果直接就填社會類組呢？」

「啟文，千萬別這麼做！媽媽當然知道你有自己的想法，但畢竟還是不成熟，我看你這一次還是聽你爸的，就別再讓他發脾氣了。」媽媽有些情急地說著。

「這次、這次，每次都說這次？選填志願，我有多少次？為什麼我都不能有自己的想法？你們不是常說要有自己的想法與判斷，不要聽信同學怎麼說、新聞怎麼講？」

「這一次情況不一樣啊！」

「還不一樣？你們就是鴨霸，反正就是你們說了算。」

啟文的不滿已經累積到了極限，但是這回他已經決定不想再隱忍。既然這次爸爸還是不退讓，不參考他的意見，甚至不讓他把話說完。在不撕破臉的情況下，他索性決定以不交選組志願卡，或說是弄丟了來拖延時間，將這筆帳再退回去給爸媽傷腦筋。

關於孩子的志願選填，到底該由誰決定？不聽從父母的期待，難道也是一種叛逆的呈現嗎？

青春期，親子相處訣竅

訣竅119 我期待

訣竅120 分享與接納孩子的選擇

訣竅121 誰說了算的鴨霸

訣竅122 聽話的理由

訣竅123 聽話的保存期限

訣竅119

我期待

「你看爸媽這麼多年來為你付出這麼多，不外乎就是期待有一天你能夠順利完成我們的想法……」當你對孩子這麼說，不待你的話說完，單單「期待」這兩個字就讓孩子與你的關係打了退堂鼓。

「難道為人父母都不會期待？」當然也並非這樣，「期待」常深深耕耘在為人父母的心中。只是如何傳達你的期待，而讓孩子願意參考，甚至於願意接受，這就是一件需要我們不斷練習的事。

訣竅120

分享與接納孩子的選擇

分享你的想法，不要強加「期待」的元素在裡面，對於孩子的接納度會高一些。例如：「啟文，爸爸查過『漫步在大學』網站發現，你考慮的文史哲學群，特別是關於史學部分的介紹，爸爸有摘錄下來，我用螢光筆塗色給你參考，『史學在了解歷史現象的演進、分析、探究與考據』，其中所需要的能力上面，寫著『閱讀能力、語文運用、文藝創作、文書速度與確度』，而文史哲學群的主要生涯發展，上面有列出

『文史教師、文字編輯、作家或評論家、文物管理師、哲學歷史研究人員、語言學研究人員』，這資料或許讓你在考慮選組時，能夠讓自己更清楚。」

試著考量孩子的想法，如果你願意主動幫孩子收集訊息，讓孩子學習判斷自己的考量是否周延。在過程中，建議先不針對青春期孩子的選擇做批判。我想，無論最後結果如何，孩子仍然會感謝你的支持與尊重。

訣竅121

誰說了算的鴨霸

「為什麼我不能有自己的想法？為什麼我不能選擇自己的決定？到底誰說了算？」當青春期孩子面對重要的抉擇，常常容易在心中浮現出類似的想法。

說服孩子，除「我就是爸爸，我說了算！」或「拜託，我出社會多久了？」如此強壓或倚老賣老的態度外，我們是否有足夠的說服力，讓孩子願意接受我們的決定。

你是否有給予青春期孩子至少平起平坐的討論空間？而非一味地我們大人說了就算的鴨霸。

叛逆的催化，有時是來自於身邊不斷出現強人所難的選擇。試試看，在我說了算之前，靜心聆聽孩子的說法。是否可以嘗試將「我說了算」調整為給予孩子的參考，放手、授權孩子有選擇的自主性。

在尊重孩子的選擇之際，孩子在志願的選填上，最後或許會回歸並接受你的建議。當然，不知不覺也符合了你原先的期待。不過期待，仍是可遇不可求。

訣竅 122

聽話的理由

孩子聽話，我想是許多父母的想望。但聽話這兩個字，到底是要傳達什麼樣的訊息呢？也許我們總認為畢竟大人比孩子更有社會經驗，思考的層面更廣、更多元、更深刻，避免讓孩子浪費在嘗試錯誤的過程中等等，理由不一而足。

你可以做個練習，在紙上列出「孩子需要聽話，是因為……」看看你會填入什麼樣的答案，而這答案是否可以說服自己、說服孩子。

訣竅 123

聽話的保存期限

好吧！孩子如你所願地聽話，唯父母之命，馬首是瞻。那麼接下來要思考的是，孩子的順從聽話要聽到什麼時候？你的答案或許是「等長大再說！」那麼長大是指十八歲？二十歲？還是你尚未認定的那一天？

如果孩子在成長過程中，沒有練習思考自己選擇的機會，那麼又為什麼到所謂長大的那一天，就會如同開關切換一般，自然而然就會了？

我們是否有思考過，一路替孩子做決定可能的作用與副作用？當然你可能會說：「選填志願是何等重要的事！」但就是因為這決定對於青春期孩子來說是重要的抉擇，不是更應該讓孩子有機會表達他的想法、尊重他的想法。否則，志願你幫他決定了，如果青春期的孩子最後又抱持「我不需要你搭建的舞台」，那麼可以預期的求學風暴即將再起。

困擾二十四
強迫住校，誰說了算？

「既然我們管不動，那麼就讓學校來管。」

「你確定要讓阿登住校？他不會反彈嗎？更何況姊姊住家裡，但他卻離家在外住校，你真的認為才國一的阿登可以忍受？」

「不然怎麼辦？你又不是不知道阿登這孩子從六年級開始就不聽話，拗得很，連我這阿爸他都不看在眼裡。奇怪，姊姊只大他兩歲，那麼懂事，他卻？唉！不說也罷。」阿登爸搖搖頭，無奈地嘆了一口氣。

「可是你怎麼開口跟阿登說？如果他拒絕呢？」媽媽沒有把握地問著。

「這我可要堅持了。你試著想想看，如果把他放在現在的公立學校，難道你不擔心他變壞？公立可沒私立管得那麼嚴喲。更何況住校，整個生活作息在校園內，有人管，有人照料，學校又離市區有一段距離，這些孩子也沒得跑，沒機會在外頭鬼混，這樣不是一舉好幾得嗎？」阿登爸對於自己打的如意算盤顯得沾沾自喜。

「但老公，難道你真的不擔心在阿登住校後，我們和他的關係會愈來愈疏遠？你看他現在人在家裡，我們都摸不透他了，更何況這回如果真的住了校，那不是更陌生？」

「唉呦，住個三年，或許阿登到高中了，也成熟了點，關係應該自然而然就會好啦！」阿登媽對於老公的這套說詞倒有些不置可否。「我可不這麼認為耶！就怕強迫他去住校，到時候孩子心裡覺得不公平，更怨懟、更憎恨我們父母替他做的選擇，我看到時候就更難收拾。」

「啊！不然那些住校的同學都怎麼待下來的？我告訴你，有些孩子還從國小就開始住校哩，那又怎麼說？」

「是有個別差異沒錯，但是我們家阿登心裡的話可是不容易和我們說的。這回如果又住校，那他如果有些委屈、有些心事又該向誰說？唉！阿登是不聽話啦！但說真的，要讓他到那麼遠的地方住校，我還真的於心不忍。哪像你這個做爸爸的那麼的冷血。」阿登媽有些揪心地抱怨著。

住不住校？是否該讓孩子有選擇的機會？還是父母說了就算？自己到底有沒有權力強迫孩子如此選擇，還是需要尊重阿登的決定，其實在阿登媽的心裡頭有著兩難。她還沒找到說服自己的答案，關於強迫住校這件事。

青春期，親子相處訣竅

訣竅124 遠離戰場，尋求外援？

訣竅125 關注即時通

訣竅126 獨立與親密關係的拿捏

訣竅127 謝絕嘮叨與碎念

訣竅128 因為有限，所以珍惜

訣竅124 遠離戰場，尋求外援？

強迫住校這一件事，最最令人擔心的初衷就是在於「既然我們管不動，不然就讓學校來管」這類父母放棄自己教養權的念頭。或許，青春期孩子住校，沒有在身旁，少了彼此衝突的頻率，也讓耳根清靜許多。但相對地，因為時空所拉開的親子距離，也將隨著時間而慢慢、慢慢地讓親子關係變得疏離。當親子再見面，孩子的叛逆味是否就較為沖淡些？這就持保留態度了。

訣竅125 關注即時通

對於住校的孩子來說，當在校期間心中浮現一些情緒困境，無論是焦慮、緊張、悲傷、難過、生氣、憤怒、孤單、寂寞、委屈等負向情緒，這時，第一時間誰會是青春期孩子的傾訴窗口就顯得相當重要。

因為空間的距離，多少也讓關注的即時性有新挑戰。或許父母無法在第一時間陪伴在旁，並給予輕拍、安撫、擁抱、搭肩等非語言的關注反應（如果青春期的孩子平時和你就有如此的互動習慣），但至少也可以思考是否能夠彼此建立即時關注的模式，無論使用手機簡訊、FB或LINE的溝通，當然也包括請孩子撥通電話給你。

這部分的關注即時通，你的積極、主動性非常重要。畢竟，對於青少年來說，當心裡有一些負向情緒時，礙於自尊、面子、習慣等因素，往往寧可選擇向最親近的同儕，尋求協助、支持與傾訴，也大多不願意主動尋找距離之外的你，這也是為什麼你的主動即時關注非常重要，或許身體距離遠了，但心理距離仍然需要拉近。而你的主動力道卻是相當關鍵的力量。

訣竅 126

獨立與親密關係的拿捏

當選擇讓孩子住校，這時父母在讓孩子培養獨立與親密關係的拿捏上，會是一種親子互動關係的藝術。孩子或許在學校學習自我獨立，但如何在減少彼此相處的時間上，仍然能夠與家中青春期的孩子維持親密關係，這對父母而言會是一種自我挑戰。

當孩子假日返家了，有時父母為了彌補那可能存在，因減少照顧在心中所產生的一絲絲罪惡感，有時很容易因此放寬對孩子的堅持與要求。

最常見的畫面就是，孩子假日回家後，使用電腦網路遊戲的時間相對增加了。當房門相對關起來，那麼心門也久久不再為你打開了。雖看似彼此選擇了一種最少硝煙味的互動關係，一種表面上的和平，但也是關係最為疏離的一刻。父母與孩子身體距離很近，但心理距離卻相對拉遠。

訣竅127

謝絕嘮叨與碎念

有時青春期孩子對於被迫住校，父母頓時耳根清靜許多，或許也樂於維持如此的親子距離。不過當孩子假日返家後，除了預防3C產品與電玩線上等遊戲成為孩子假日黏度最高的好夥伴之外，另一件事情就是請自我提醒「謝絕嘮叨與碎念」。否則很容易強化你在孩子心目中的嫌惡印象，讓孩子更加選擇遠離與你的互動。

訣竅128

因為有限，所以珍惜

如果選擇讓青春期孩子住校是一種無奈，或不得不的決定，那麼如何珍惜孩子返家的這段時間，讓親子關係的親密度能夠繼續維繫就顯得相當重要。請回頭思考，在過去孩子住校返家後，親子之間是否有共同參與的事？還是各自守著眼前的3C產品？沒有對話，也少了心理的交集？「因為有限（時間），所以珍惜（關係）」，親子多一些交集，這對於孩子選擇住校的親子關係來說，是非常珍貴的一件事。

輯三

青春期孩子非常在意同儕目光

青春期的孩子，有時總讓父母感到失落與落寞。此時，父母發現自己在孩子心目中所占的比重愈來愈小，而同儕的版面則愈來愈顯著。孩子關注朋友的生活瑣事，當成頭條反應，遠勝於父母落在報端一角的微弱聲音，總讓人有情何以堪的感覺。

這時，孩子對於你所踩的紅線，例如批評朋友、偷看LINE與FB，總會強烈反彈。而孩子因朋友而想換學校、崇拜偶像、愛吹牛、愛講手機、常遲到及缺課、滿腦子只想玩、或想當老大，這些舉動也在在以吸引同儕的目光為目的。當然，你或許又感到被冷落在一旁。

在意同儕的目光，這是青春期孩子專屬的特質，你不得不接受，因為成長就是這麼一回事。調整自己的心態，重新看待這些叛逆所要傳遞的，希望同儕認同與接納的訊息，會讓你更認識眼前的青春期孩子，你也比較容易釋懷，為何孩子的目光會偏離自己而去。

青春期孩子在成長、形塑心中的自我，期待未來的自己，他們的眼前需要有範本做為參考。此時，同儕的意見、同儕的反應、同儕的認同將是他優先在意的。

困擾二十五 不要批評我的朋友

「你們父子兩個就不要再吵了，這麼大聲，待會兒鄰居會抗議啦！先彼此冷靜下來嘛！」媽媽不知所措地急得如熱鍋上的螞蟻。

「阿威，你這回就先讓讓你爸嘛！」

「讓？讓什麼讓？為什麼我要讓？明明就是他無理取鬧，為什麼要我讓？我要交什麼朋友是我的權利，他憑什麼說我的朋友都是一些阿莎布魯（あさぶる）的朋友？他又多高貴？」

「你爸也是為你好啊！他是擔心你在補習班交到不好的朋友，所以才這麼說的啦！」

「那真的要感謝他。」阿威酸酸地說著，「他連我那群朋友是誰都搞不清楚，就劈哩啪啦地說三道四，什麼叫亂七八糟？以為我聽不懂他的意思。限制，只會限制，他還會說什麼，根本搞不懂我們現在的青少年在想什麼，老古板一個。」

原本有些打算熄火的阿威爸，被孩子這麼一說，「老古板」的火氣又跟著上來了。

「我讓你去補習是要幹什麼？是補幫派啊！亂來一通，你以為我看不出那群小伙子的德性，跟你講，我看過的人可比你吃的米還多，別想跟我辯。」

「辯？誰想跟你這個自以為是的老頭子辯？根本搞不清狀況，自以為什麼都懂？自我感覺良好啦！」

「你這小子，什麼態度？」

「什麼態度？還不是跟你學的！」

「好啦！好啦！別再辯了啦！就彼此冷靜一下嘛！」

「媽，我跟你講，我從來就不想浪費時間和他辯。所以你也不要叫我讓，我沒什麼好讓的。」

「你這叛逆的小子，上了國中，翅膀硬了是不是？」

「叛逆又怎樣？國中生就是愛叛逆有什麼不好？至少懂得做自己，不會被你牽著鼻子走，你懂嗎？」

面對著父子倆像黑羊白羊過橋般僵持不下，這回真的讓阿威媽也急得不知該如何是好。

「阿威小學時真的不是這樣子的啊！難道真的像阿威爸說的交了壞朋友？」媽媽心裡狐疑著。「可是說真的，老公還真的搞不清楚阿威在補習班的朋友到底是誰，難道真的只憑一眼就能夠分辨出對方的好壞，如果真的是這樣，那麼老公真的也太神了。」

只是阿威媽仍然不知道該怎麼辦。面對父子倆的針鋒相對，她很清楚如果當中沒有一個人願意退一步，像今天這樣的爭執，只會一場接一場繼續下去，永無寧日。而需要先退一步的人，阿威媽心想著，「那應該就是阿威爸了。」

青春期，親子相處訣竅

- 訣竅129 朋友，你認識嗎？
- 訣竅130 全盤否定，注意！
- 訣竅131 黑羊、白羊過橋？請先優雅讓步
- 訣竅132 壓制禁止
- 訣竅133 壞朋友？請先說服我
- 訣竅134 誰來晚餐？

訣竅129

朋友，你認識嗎？

青春期的孩子是非常捍衛自己的人際關係的。當你要批評、下指導棋，要求孩子取捨朋友，這時你自己所設定的挑戰難度是相當高的。特別是，如果僅片面了解孩子

所交往朋友的個性或特質，卻說不出所以然時，切割戰尚未開打，勝負早就已定了。

對於人際的選擇，有時在孩子的想法中，容易浮現出，「你在乎的，並不是我在意的。」我們需要了解與接受，有時父母與孩子的關注重點並不相同。用蠻力，只會礙事，問題不是以輩分來解決的。更何況，孩子的朋友，你認識嗎？

訣竅130　全盤否定，注意！

你的全盤否定，很容易讓親子關係沒有轉圜的餘地，沒有商量與呼吸的空間。沒有人喜歡老是被否定，孩子也是一樣，青春期的孩子甚至於更敏感。

你的否定，時而讓孩子被迫看見自己的不足，自己的弱勢。當你常使用，負向思考的毒素加多了，孩子看待自己的眼光也就很容易變了。愈多的否定，讓孩子愈不喜歡自己，連帶地也討厭起說這些話的你。

訣竅131　黑羊、白羊過橋？請先優雅讓步

當親子衝突處在騎虎難下的狀態，過多的爭執，往往一次又一次的撕裂彼此的關

係，特別是當理性退場，情緒性籠罩在親子低氣壓的對話中。要破解這僵局，父母有智慧地先退讓，讓孩子情緒先冷卻、降溫，或許還有轉圜的契機。你優雅的讓步，對於孩子來說就是一種很好的示範。

訣竅132

壓制禁止

「我阿爸ㄟ！」有時，父母在親子衝突中，很容易傾向以輩分壓制孩子的決定。但請記得青春期孩子通常都不太吃這一套，你愈壓制、你愈禁止，孩子的反彈後座力，通常愈強勁。特別是當你又猛踩他好朋友這件事時，想要透過一句「我阿爸ㄟ」拉高輩分，是沒有任何作用的，套一句孩子常脫口說的，「誰理你啊！」

訣竅133

壞朋友？請先說服我

壞？如何界定壞？你所謂的壞，看在青春期孩子的眼裡，或許是另一種所謂的魅力、所謂的好。或許你對於孩子的交往對象是有疑慮的，這些你不太認識的朋友可能很讓你擔心，但是請提醒自己先不要使用如此的好壞二分。當這二分被你一切割，說真的，常常也讓孩子選擇依靠至朋友那一端。

要說朋友的壞，或許先聽聽孩子如何說朋友的好。兩人選擇在一起成為朋友，一定有彼此吸引的地方，或許比重彼此有所不同，但是存在的吸引力一定有。試著先聽聽看孩子怎麼說，這也同步讓你了解眼前的孩子是如何看待周遭的人事物。

「爸媽，我跟你說，在補習班和我較好的兩個朋友，好，姑且說他們是AB優酪乳。其中A，個性溫和、好協調、踏實平穩、責任感與親和力超強，這些點和我超接近。至於B的海派個性、灑脫又不拘小節、熱情開朗又愛追求變化，令我著迷。」

訣竅134 誰來晚餐？

請勿為反對而反對。既然關注孩子的交友問題，那麼就試著張開雙臂，誠摯地邀請他們到家裡來作客。誰來晚餐？透過餐桌為媒介，對孩子的朋友多了解。請先接納孩子的朋友，好好展現「你的朋友就是我的朋友」的熱情。

青春期的孩子需要被認同，當然也包括認同他所交往的朋友。

困擾二十六
因為朋友換學校

「豐禾，你有沒有搞錯，以你的成績要申請公立高中職不是第一，就是第二志願。怎麼突然說要念私立學校，我真的搞不懂你在想什麼耶。」

「拜託，自己去念多無聊，更何況我的好麻吉，他們都選擇念私校，而且我們也說好一起再當同學。」

「我的媽呀！你竟然拿你的前途開玩笑？你知道你選的私校是哪些嗎？不要說私校，你還選擇後段的私校，不要說過我這一關，你老爸那一關鐵定過不了。」

「拜託，書是我念，又不是你們念。差別就是學費貴一點，好啦！就算現在先向你們借，等以後你們老的時候，我再加利息還給你們，就算是老年津貼好了。」

「天啊！豐禾你在鬼扯什麼？你竟然只為了那一群狐群狗黨的同學就放棄自己的優質升學機會，而且還在給我五四三，說些什麼津貼？你皮在癢啊！」

「什麼狐群狗黨？媽，你這麼說話太傷人了喔！他們可都是我國中三年最談得來的好朋友，我們選擇一起再當同學有什麼錯？更何況在那所高中裡有學長在那，也可以先罩我們。」

「罩什麼罩？你們想造反啊！書不好好念，只會搞幫搞派的，是想幹嘛！」

「我們只是要常相聚啊！你以為人生要遇到好朋友那麼容易？」

「人生？你這十四歲的小伙子還在老媽面前談人生？你有沒有弄錯，你十四，我可是四十。談人生，我都還沒談，哪輪到你？」

豐禾不甘示弱地拉高他的音量，「我是我，你是你。我有我的人生，你有你的人生。我的人生，我決定。我有選擇我朋友的權利，至於你的不關我的事，所以你也不要干涉我的事。」

說真的，豐禾媽發現母子倆的對話似乎失去了焦點。她的用意主要在於讓孩子了解自己的未來在哪裡，不要因為周遭朋友的意見而受影響。但豐禾的焦點似乎不斷在強調他所謂的人生，更精準地說，做父母的不要來干涉他的決定，縱使他的決定看在父母的眼裡，就是一副不成熟的想法。

「是要說豐禾這孩子長大有自己的想法？還是他已經開始叛逆了？」想到「叛逆」這兩個字，讓媽媽倒抽了一口氣。因為自己可還沒準備好接招，關於青春期叛逆這檔事。

青春期，親子相處訣竅

訣竅135 從誰的立場選學校

訣竅136 聆聽想法，孩子所在乎的事

訣竅137 接納孩子的需求

訣竅138 接納不等同於接受

訣竅139 誰可以做決定？

訣竅140 拋出思考的議題

訣竅135

從誰的立場選學校

你或許會像豐禾媽一樣詫異，「怎麼孩子會為了朋友，竟然放棄自己的首選，降級選擇後段的學校？」這裡，有個關鍵點，「首選」是以誰的立場來決定？有時，父母所認定的公立高中第一志願，在青春期孩子的眼中，看不上眼，反而是有麻吉好友在的私立學校更吸引人。

訣竅136

聆聽想法，孩子所在乎的事

有時在情急之下，我們很容易就想反駁孩子的決定。結果往往「呷緊弄破碗」，欲速則不達，壞了彼此的親子溝通。

試著停下來，好好深呼吸，仔細聆聽眼前青春期孩子會如何告訴你關於自己選擇學校的想法。無論孩子的思考周不周延，想法成不成熟，請先不要批判。當然，也不要惡言相向，就如同例子中豐禾媽的那一句「狐群狗黨」。

訣竅137

接納孩子的需求

試著放下父母高高在上的位階，與孩子平行，從他的話語中，去感受孩子所在意的事，例如接納他想要與好朋友再一起當同學的想法與需求、尊重他想要選擇私立學校就讀的想法。

你可以試著敞開心胸詢問孩子，「關於你想要和好朋友繼續在一起這件事，你有沒有什麼需要爸媽幫忙的地方？」

當孩子感受到你看見他的需求，也接納他的想法，這時，親子溝通就像自動門般瞬時開啟。

訣竅138

接納不等同於接受

接納與尊重，是與青春期孩子溝通相當關鍵的態度。但接納孩子的想法，並不表示父母就接受或支持他的決定，這是兩件不同的事。

也就是說，在溝通上，彼此仍然可以對於選擇學校這件事，有著不同的看法。但這看法是需要被尊重，而非彼此要以強迫的方式讓對方接受。

親子溝通有意思的地方也在這裡。聽聽孩子的想法，說說你自己的看法，試著找到彼此的交集，或協調出彼此可以接受的程度。

訣竅139

誰可以做決定？

或許你會說：「大部分的事情當然孩子可以做決定，但升學這件事關係到未來，非同小可，當然是由父母來做決定，哪能讓孩子自己亂來。」如果你堅持這樣的立場，那麼，一股山雨欲來的親子衝突，瞬時將引爆。

常常當你採取「我決定」的強硬方式，豎起「非聽不可」的大旗，這時就很容易更加強化孩子出現「我的人生，我決定」誓死不讓的念頭。更把孩子逼至牆角，拉大你和他之間的心理距離。

訣竅140

拋出思考的議題

或許孩子對於選擇學校在考量上，欠缺了周延。但或許，你也可以藉由這樣的機會，一起與孩子腦力激盪關於人際關係的維繫，與未來升學選擇之間的拿捏，思考各種排列組合的方式。如果孩子少了一些想法，那麼就由你來拋出議題讓孩子思考。

「孩子，人際關係的維持，難道就一定需要在同一個學校？那麼未來如果畢業了、出社會了，彼此的關係又該如何維繫？」

「好朋友就讀不同的學校，你不覺得反而能夠更擴展彼此的視野或話題？」

「說真的，現在人與人的維繫，現實與虛擬相互交錯。我想，你一定也有許多不同學校的好朋友是透過社群網站，像是FB或使用LINE在溝通。」

「如果彼此就讀不同的學校，彼此有些距離，卻又能持續維繫彼此的朋友關係，你不覺得這樣的關係強度更緊密？」

試著讓孩子思考你的問題，並回答你。這時，他或許可以更看見真正的自己。

困擾二十七
偷看LINE與FB

「媽！你很機車耶，幹嘛偷看我的LINE？真的很沒品耶，一點基本禮儀都沒有，你這個媽怎麼當的？」小嘵怒氣沖沖地瞪視廚房裡的媽媽，這突如其來的尖銳語氣頓時讓小嘵媽一時反應不過來。

「誰叫你手機自己不收好，放在客廳桌上。」

「你還在辯？偷看就偷看，還怪人家把手機放什麼地方？真的是讓人想罵三字經！」

「你這孩子怎麼說話說成這樣？到底是哪裡學來的，真是沒家教。」

「你說呢？就是沒家教！連自己當媽的都會偷看女兒的簡訊，不尊重人家的隱私，還滿口理由。自己做不到的，就別想要求人家。」小喨理直氣壯地說著。

「看個簡訊會怎麼樣？你自己只要不在上面亂留言，哪還怕人家看？難道作賊心虛？」

「你有沒有搞錯，是你錯在先，沒有經過人家的允許亂動、亂看，現在還在胡扯一通？連道個歉都還不會？」愈說小喨的火氣愈大，雖然眼前的媽媽看似也有一些不甘示弱，但總還是覺得心虛了一點。

當然，母女之間的衝突這不是第一回，先前就因為媽媽以匿名的方式加入小喨的臉書，事後被她同學發現告知，害小喨覺得丟臉，氣到直接封鎖媽媽的帳號。而這次也加深了彼此之間的不信任感，特別是在隱私這件事。

但小喨媽也深感委屈，心想：「那些專家不是都說要參與孩子現在關注的事情嗎？我還特別去學了臉書如何申請帳號、使用，查了查LINE到底是怎麼一回事，怎麼到頭來，卻把母女的關係愈弄愈糟糕？」

小喨媽知道孩子並不壞，雖然偶爾脫口說了些粗話。但是升上國中之後，小喨似乎變了個樣，特別是地雷愈來愈多，往往自己不經意地踩到之後，孩子的反應就會突然加碼變大。那態度、那神情、那語氣就像個巨大的黑影朝自己襲來。

難道孩子開始進入叛逆期了嗎？她總覺得好像有一個結在彼此的關係上。「隱私、隱私，這孩子怎麼老是在強調隱私，難道我尊重了她的隱私，我們的母女關係就會變得更好、更融洽嗎？」小嘵媽心想著，「難道我真的哪裡做錯了嗎？」

青春期，親子相處訣竅

訣竅141 隱私，親子溝通最基本的是尊重

訣竅142 偷看LINE與FB是要教導什麼？

訣竅143 請勿強辯解

訣竅144 認錯

訣竅145 我的領域，我的轄區

訣竅146 參與需要被肯定

訣竅141 隱私，親子溝通最基本的是尊重

捍衛自己的隱私，我想這是青春期孩子很基本的權利。隱私，並非由父母來認定，而是專屬於當事人的感受，所有想要讓你知道，和不想讓你知道的事，孩子應該都有自己的決定權。

訣竅142 偷看LINE與FB是要教導什麼？

你或許有無數的理由，辯解為什麼要偷看孩子的LINE與FB。無論是想知道孩子的社交人際、孩子對於事物的看法，或者孩子的喜怒哀樂，我們可以理解父母的動機，但並不表示可以未經孩子允許，透過不適當的方式來進行窺視。請試著想想，「偷看LINE與FB，是要教導孩子什麼？」先不求說服孩子，你是否可以說服自己？

訣竅143 請勿強辯解

當我們不慎或蓄意踩到孩子維護隱私的大地雷，說真的，孩子的強烈情緒反彈，已經不是叛逆或不叛逆的問題。要說叛逆，倒不如說是孩子誓死捍衛自己的隱私，維

護作為一個獨立的人的基本作為。

請勿強辯解，當你不當窺視已經存在，愈是強辯解，愈是讓孩子與你的心距離更遙遠。強辯解或許撐住了你當下羞愧的面子，但對於親子關係之間的信任卻逐漸摧毀、瓦解，不可不慎。

訣竅144

認錯

要父母在孩子面前承認錯誤，真的需要十足的勇氣。但是，如果能夠坦誠的認錯，並請求孩子的諒解，我想這一步會讓青春期的孩子更見識到自己的父母很有guts，這時看待你的方式應該會很不一樣（至少心中豎起大拇哥，暗地裡說聲讚！）因為你正在示範一種身教，踏踏實實的示範。

「小喨，請原諒媽媽沒有經過深思熟慮，在未經你的允許下，看了你LINE上的訊息。雖然我沒有惡意，也很單純地只想關心你，但這都不該是辯解的理由。誠摯地希望你能夠原諒媽媽，並為這不該有的不尊重示範，向你說聲對不起。」

是孩子的地雷多？還是我們需要給予更多的尊重？

面對青春期的孩子，或許你可能會有些焦急地想著，自己是否深陷、困在地雷區？怎麼孩子這麼地難搞、麻煩？但與其說孩子因為青春期變複雜，倒不如試著讓我們重新調整一下自己對待孩子的方式。多一些尊重，特別是在隱私的維護上更是如此。當尊重多了些，地雷自動解除就快一些。

訣竅 145

我的領域，我的轄區

其實無論父母或孩子，每個人多少都應該擁有一處屬於自己的領域、轄區。如同家中的神明桌，請保持虔誠的心，不要給予任意的更動。倒也不是說孩子是神明要先請示，但意義差不多，在彼此的領域裡，要介入，請先告知。非請入內，畢竟是一種非常不禮貌的行為，無論是房間、手機、信件、抽屜、書包、置物櫃，當然也包括虛擬的網路世界。

訣竅 146

參與需要被肯定

其實，小喨媽是需要被肯定的，至少她試著參與孩子生活中關注的事項，無論是

LINE或FB。但如同在現實生活中，虛擬世界裡也同樣有著需要遵守的遊戲規則。

有時，我們可以試著思考，孩子對於我們邀請加入臉書成為朋友的想法。或許，對於青春期的孩子來說，多了你的加入，對於自己在同儕之間的私密對話似乎有些卡卡的感覺。但你仍然可以提出解決之道，「小喨，你應該知道臉書的訊息發布有分公開、朋友、只限本人、自訂，所以如果你覺得有些留言不適合給媽媽看的，你就可以自行選擇自訂的方式，這樣不就自在許多了。」凡事都有解決之道，如果誠意夠的話。

困擾二十八
孩子想當老大

「冰的啦大哥！冰的啦大哥！」小健面對迎面走來的阿僑大聲地喊著。這時只見國三的阿僑意氣風發地回著，「有啥咪代誌？這回又要喬什麼？」

阿僑對於在這棟樓被需要，他的自我感覺非常良好。他很喜歡這樣被看見的感覺，當然他的名聲早就跨過其他棟樓，對於國一、國二學弟妹來說早就風聞有這號人物。至少，他自己是如此的想。

「阿僑，這回請幫個忙，你知道的，我一直對二〇八班的學妹芷晴很有意思的，但是現在正殺出個對手，她班上的那個高個兒，竟然在FB上對她公然表白。這讓我備感威脅，幫我喬一喬。」

就是這種被需要的感覺。阿僑就是要這種飄飄欲仙、像踩在雲端上的感覺。

但是這種愛喬事的習慣，或說是行為模式或個性，看在學務處的眼裡，簡直就是無法容在眼中的一粒沙子。

「阿僑媽，其實我們也很欣賞阿僑他這種講義氣、重然諾的大哥特質。」學務主任頓了一下，吞了個口水，「喔！不是大哥，是領袖的特質啦！」「只是阿僑媽，你也知道學校的規定，是不允許同學跨年級到別棟大樓去活動的。更何況，這回他還直接跑到二年級對學弟落・狠・話。」最後三個字，主任加重語氣一個字、一個字說著。心想這樣阿僑媽應該會知道事態的嚴重性。

「主任，不好意思啦！我們家的阿僑只是好心幫忙處理事情啦！或許是口氣比較不好一些，但是他應該沒有什麼惡意啦！」阿僑媽邊說邊擦著額頭上的汗，因為這已經不是第一次因為類似的事情到學校來接受約談。

但阿僑媽也莫可奈何，「唉呦，這孩子我也跟他說過很多遍了啊！就是講不聽，我有什麼辦法？」「你們老師不是專業嗎？不是有受過輔導訓練嗎？你看如果連你們都沒辦法，那我這個做媽的怎麼會有辦法？」說著說著阿僑媽似乎愈想愈有道理，不禁也理直氣壯起來。倒是這些話聽在主任的耳裡，突然像是眼前一隻烏鴉飛過，額頭三條線。

阿僑非常滿意現在自己在校園內的知名度，雖然自己因為這些「喬事」已經被記了好幾支小過、警告，但這些看不見的紀錄，對他來說一點作用也沒有。甚至於，累計愈多的過，反而讓他自己感覺走路更有風，一種飄飄然的自信風。

青春期，親子相處訣竅

訣竅147 同理想當老大的內心感受

訣竅148 練習做決策

訣竅149 記過無用論？

訣竅150 零和賽局？

訣竅151 老大不是原罪

訣竅152 保護與欺負之拿捏

訣竅 147

同理想當老大的內心感受

面對孩子想當老大，你可以試著同理反映給孩子，「阿僑，媽媽感覺你滿高興的，或許説是爽快應該更貼切，當你發現同學遇到問題總是需要你的時候。」

你也可以進一步幫孩子將他隱而未現的想法説出來，「阿僑，看到你幫同學解決問題，感受到你的內心似乎有一股聲音像在説著，『嗯，我果然很有魄力、果斷力和協調力，難怪同學會那麼需要我。』而覺得自己是個有能力的人，難怪你很期待扮演這領袖的角色。」

當你同理了孩子當老大的感受，你會讓孩子有一股唯有你懂我、了解我、知道我的知音。被了解的感覺很棒，當老大也有了這個體驗，他的配合度應該也會是很高，畢竟這個老大可是重情義的人。你尊重我，我也會回報尊重給你。

訣竅 148

練習做決策

有些孩子的特質適合當領袖，有的傾向當幫手。如果你的孩子在校園裡明顯傾向具領導特質，或許可以順水推舟，試著讓他在生活上練習做決策。「阿僑，你覺得這個星期六的下午該如何安排，這回就由你決定了。想好，別忘了告訴媽媽。」

讓青春期的孩子慢慢能夠覺察自己的能力，同時發展出自己的能力，強化自己的優勢特質。

訣竅149

記過無用論？

面對青春期的孩子在學校違反校規的規定，在相關老師的處理與因應上，常陷入一種兩難。依規定，孩子違反校規須記過處分。但有趣的是，如果學務處在記過之前，已經隱約地嗅到採取這樣的方式，似乎對眼前的孩子毫無影響，甚至於物極必反，愈記過，愈強化他的叛逆與反抗行為，彼此的關係愈推愈遠。這時就需要來思考一件事，是否為記過而記過，特別是當記過無效時，為什麼我還是要堅持這麼做？

訣竅150

零和賽局？

面對孩子想要當老大這件事，在校園的處理上，並非一定要來個你輸我贏的零和賽局。與其總是運用記過的方式，將孩子愈推愈遠，或許轉個彎，順著孩子所擁有的這項領袖特質，試著委託他協助一些關於校園的活動任務，例如協助學校號召各班代表進行班際球類比賽。讓孩子的優勢力被看見，擺放在屬於他的舞台，達到雙贏的效果。

訣竅 151

老大不是原罪

如果孩子想當老大，如果他又有能力當老大，如果周圍的人也認同他是老大。說真的，只要這老大沒有越過框線之外（這條線包括校規或社會規範），其實父母反而應該感到欣慰才是。畢竟眼前的孩子具備了領袖的特質，並擺在適當的位置上，充分發揮了他的角色。

所以面對孩子這項領袖特質，在溝通、互動上，倒不是聚焦在他能不能當老大，而是這老大是否能夠做出有利於班上或周圍的人，一種正向經驗的協助。呼風喚雨可以，但重點在於是否召喚同儕們往正向的活動前進。

訣竅152

保護與欺負之拿捏

當你和具有領袖特質的孩子互動，建議你可以和他重新定義老大這角色，特別是強調一件事，「欺負同學很容易，但要真正保護同學不被欺負相對困難。同樣地，在班上要帶頭作亂很容易，但能夠協助老師維持班上該有的秩序相對困難。」試著讓孩子重新將老大的任務做方向調整，特別是讓他嘗試扮演更難當的老大，保護同學，協助維持班上該有的秩序。

困擾二十九
當孩子愛吹牛

「哇勒，聽你在放……屁！」小政刻意將「放」這個字拉長音，並重重地說了那個「屁」字。

「你果然是牛蛙、膨風嫂耶，我聽你在唬爛。什麼女朋友？依你這副德性會有女朋友？如果有，我看我都已經當阿爸了。」小政不以為然地對著阿毛數落著。

「我是說真的，隔壁班的小紫真的對我有意思，還不時頻頻回頭望著我耶。」

「望著你的大頭啦！少在那邊吹牛了，我看是你對她有意思，像個痴漢盯著人家看，還在小紫回頭望著你勒，白痴。」

「你以為我今天才認識你這個阿毛啊？拜託，老是愛吹牛，早上還在跟我說什麼你阿姨昨晚帶你去光榮碼頭看黃色小鴨，我看是你回家看浴缸裡的黃色小小鴨啦！膨風嫂，你知道光榮碼頭在哪嗎？高雄耶！打狗耶！你昨天晚上補習回去都幾點了？你是搭高鐵直達光榮碼頭喔？說謊都不打草稿。」

「我真的有看到啊！」

「屁啦！再掰啊！有看到、有看到，我也有在電視上看到啦！」

其實在班上，小政已經是阿毛最要好的朋友，或者也可以說是目前碩果僅存的唯一朋友。倒也不是小政愛對阿毛吐槽，而是阿毛的愛吹牛已在班上鼎鼎有名到讓人感到厭惡，也因此被多數同學視為拒絕往來戶，每回分組都沒有人希望和他同一組。

當然阿毛的誇大、愛吹牛對於爸媽來說也很傷腦筋。「這個孩子也真是的，怎麼老愛跟人家說什麼，我們是田僑仔，以前在天母土地有好幾十甲。喔！拜託，他到底有沒有搞清楚，我們家到現在都還在租房子，而且住的還是這種破舊公寓。什麼田僑仔不田僑仔，真的是輸給他，老愛說這些有的沒有的。難怪導師常常打電話來提醒，真的是丟人現眼啊！」

「奇怪，這孩子什麼時候才會學乖啊！難道愛膨風都沒有嘗到苦果？老是愛這麼吹牛，導師都說在班上朋友就只剩小政一個，怎麼還是不改這毛病？這孩子到底在想什麼啊！怎麼一上國中之後，就毛病一大堆？」阿毛媽不禁搖頭抱怨著。

只是阿毛真的愛吹牛嗎？還是情非得已？或者在這誇大的背後到底要傳達什麼訊息呢？說真的，阿毛沒說，其他人也猜不到。

青春期，親子相處訣竅

訣竅153 吹牛的幕後人生
訣竅154 不戳破
訣竅155 見笑轉生氣
訣竅156 吹牛也無所謂
訣竅157 吹牛傷很大
訣竅158 吹牛作為一種關係的維繫
訣竅159 當吹牛已成往事

訣竅153

吹牛的幕後人生

面對眼前孩子的吹牛、膨風、誇大行為，你是否看見什麼在流失？自信，一種缺乏自信，又對自信充滿渴求的不得不的無奈表現。自信，可以視為孩子一種對於自我概念的接受度。對於青春期孩子來說，自我概念有很大的一部分來自於別人如何看待自己。「我也有」的宣告，多少也可以蒙騙、掩飾過自己脆弱的自尊。

訣竅154

不戳破

如果吹牛支撐著孩子那彈指可破的自信與自尊，那麼當面對他人想要給予戳破的攻擊性舉動時，孩子當然要極力捍衛這假象。

在青春期同儕之間，吹牛被戳破是很常見的互動，如同例子中的小政對於阿毛的絕不留情。

但如果今天是父母面對孩子的吹牛呢？優先建議你，先別當面戳破。試著先冷靜下來思考孩子如此膨風的原因會是什麼，這吹牛、誇大的舉動是要告訴我們什麼訊息。

訣竅155

見笑轉生氣

為什麼先不建議你直接地戳破？這是預防孩子出現惱羞成怒的反應，如同台語裡的那一句「見笑轉生氣」。當你能夠同理孩子如此做的感受時，緩個衝，選個良辰吉時、保有隱私的空間，私下讓孩子自我覺察自己的吹牛行為。

如果你知道阿毛向小政吹牛黃色小鴨一事，你不要劈頭就問：「阿毛，你為什麼要說謊，向小政吹牛說什麼阿姨帶你去高雄光榮碼頭看黃色小鴨？」當你很直接地詢問為什麼，最容易得到兩種反應，一是阿毛怕被處罰，從頭到尾否認到底，「我沒說。」二是趕快找一個理由、一個藉口好回應你的疑問。

我會建議你試著問：「阿毛，關於黃色小鴨，你怎麼和小政說？」試著讓孩子再次檢視自己說的內容，讓自己覺察到當中與事實不符的地方。

訣竅156

吹牛也無所謂

有時，孩子的吹牛，在一次一次被彈破的情況下，雖時而感到自尊受損，但有些時候也會因為吹了牛被彈破好像也無傷大雅，進而也就一次次地故技重施，牛照吹。

訣竅 157

吹牛傷很大

但畢竟，牛皮一次一次吹，很容易在同儕之間就形成對於當事人的刻板印象。當「牛蛙」、「膨風嫂」這些帶有貶抑的綽號，開始加諸在孩子身上時，其實無形中更讓當事人與同儕的距離無限拉大，人際關係顯然更為惡化。

「阿毛，請想想吹牛對於你來說，可能付出的代價。」在膨風底下，孩子需要有如此的覺察。

訣竅 158

吹牛作為一種關係的維繫

有時，你可以試著反映孩子選擇吹牛的心情感受，以及當中可能存在的想法。除了上述可能思考的維護自信之外，有些孩子則以吹牛作為彼此親密關係的維繫。

「阿毛，你很焦慮別人在聊黃色小鴨時，你切不進話題，是嗎？」

「阿毛，你似乎有一種焦慮的感覺，如果別人都在談黃色小鴨，但是如果你沒有看過的話，會讓你認為自己落伍、趕不上流行，是嗎？」

訣竅159

當吹牛已成往事

當你發現，吹牛成為孩子維繫他那薄弱人際關係的棉線時，除了同理反映之外，另一道關鍵的引導就是讓孩子發展出更成熟的問題解決方式，以取代不適當的吹牛、膨風、誇大等欲引起注意的行為。

讓眼前的青春期孩子在人際關係上，開始練習分享自己所知道的有意思的訊息、嘗試專注傾聽對方的說話、適時給予回應、支持或發表意見、微笑、熱情參與、貼心記得好朋友的生日或重要日子等，以提升孩子在人際關係上的問題解決能力。

困擾三十
我的孩子怎麼沒叛逆？

「哈！你這乖乖牌，真的是沒有自己，父母說什麼，你就做什麼，還真的是服了你耶。」

「叛逆？我要叛什麼逆！我爸媽很尊重我的想法，我真的不知道我要反對什麼耶？不然你說來聽聽，你在叛什麼逆？」允成正問著一旁數落他的好搭檔祥哥。

「拜託，叛什麼逆還要教？像抽菸、喝酒、嗆聲、打耳洞，有時再來個蹺課、晚歸或無照駕駛啊！這還用我說啊！」允成知道祥哥的父母對於他的管教是疏忽了一些，也知道祥哥所提的這些事，因為他以前也炫耀過。只是，允成還是不解：「我幹嘛抽菸、喝酒？我沒這個需求，也沒這個習慣啊！嗆聲，跟誰嗆，跟你嗎？打耳洞？

我幹嘛自找罪受？蹺課、晚歸、無照駕駛？我好端端地幹嘛做這些？」

「誰說到了國中、高中就一定要做這些你所謂的叛逆？我沒這個需求啊！」允成還是不覺得自己非得像祥哥說的如此做。「哈！如果要說真正的叛逆就是偷偷地交了你這個『不良』朋友。」

「哇哩，不良於行的朋友勒。」祥哥右手巴了允成的後腦勺，還補上了一句，「你就是交了我這個朋友才開始有機會做自己，懂嗎？我的乖乖寶貝。」

說真的，在允成家，爸媽是非常能夠尊重自己的想法與做法，如交朋友這件事，平時父母並不會汲汲於追問：「今天跟誰出去？去哪裡？去做什麼？幾點回來？」這些像是在做筆錄的瑣碎的事。他們反而常提到「我相信你一定很清楚自己為什麼選擇這些朋友和你交往，他們一定有許多吸引你的特質。」

允成知道自己家裡的融洽氣氛和高一班上同學常說家裡硝煙味不斷瀰漫、像以巴之間衝突四起等情況很不一樣，倒不是自己沒有和父母相反的意見存在，而是彼此都能冷靜與溫柔的溝通。這一點聽在同學的耳朵裡簡直不敢置信，「怎麼可能？怎麼可能？難道你們全家都是整罐整罐淡定紅茶倒下來喝喲，不可思議，哪可能那麼優雅？

我不和我的老爸對幹起來就已經是謝天謝地了。」

但是家裡的氣氛就是如此。允成不是沒想過自己為什麼沒有像班上同學那股驚天動地的「叛逆」之氣，如果有，也是柔柔的、淡淡的小小叛逆滋味。班上女生有時會笑說「微叛逆」，一種和微整型差不多的概念，讓人感受不到它的存在。

「我真的需要叛逆嗎？不叛逆，真的就沒有自己嗎？」允成心裡淡淡地想著。

青春期，親子相處訣竅

訣竅160 溫馴的綿羊？

訣竅161 親子關係隨時調整

訣竅162 沒叛逆，一定是壓抑嗎？

訣竅163 我該擔心孩子沒主見嗎？

訣竅164 當信任遇見叛逆

訣竅160

溫馴的綿羊？

是否青春期的孩子真的都得來一段狂飆展現？我想這倒也不盡然。狂飆不表示不好，溫馴當然也沒有那麼壞，我想尊重每個孩子獨特的氣質與對事物的看法，或許狂飆的味道就會淡一些。

不一定都得要在青春期就來一個輕度颱風、中度颱風，甚至於強烈颱風才夠味。有時，只是熱帶性低氣壓也會讓人感到舒適，當然微風吹拂的風和日麗可能更迷人（至少是許多父母的最愛）。

訣竅161

親子關係隨時調整

其實，叛逆不會是突然產生的。就像前面所提到，有時父母面對兩三歲的孩子，就已經逐漸能夠感受到初期叛逆的難纏。會讓你我措手不及，當中的原因，我想至少有一部分是來自於我們輕忽了孩子成長的改變。

請別忘了，就連兩三歲的幼兒也是有自尊心的，更何況是青春期的孩子，請別以為在他們面前開開玩笑，孩子會笑笑無所謂。當然，如果你習慣性地常脫口說：「不行。」「不可以。」「錯了、錯了。」「不對、不對、這樣不對。」這些洩他志氣的話，孩子當然也是會給你臉色看的。當孩子在成長的路途上，充滿被尊重的感受，我想尊重也會內化在他的心裡面。

因此，當你對於親子關係時時保持敏感，時時進行微調，至少在第一時間接納與尊重孩子當下的存在（想法的、情緒的、行為的），我想，叛逆或許就只是微微地在進行中，讓彼此幾乎感受不到它的存在。

訣竅162

沒叛逆，一定是壓抑嗎？

當然不是如此。有些孩子在成長過程中，如果適時有情緒的出口、紓解壓力的方式、有傾聽自己感受的對象、有接納與認同自己想法的家人，或者有適時引導、澄清與分享「如何做出我自己」，協助釐清「我是誰？」的困惑，這時候的孩子是可以很優雅、很從容地面對自己的青春期。

訣竅163

我該擔心孩子沒主見嗎？

有些孩子在成長過程中，對於自我叛逆的感受或許沒有那麼的濃烈，但這並不表示孩子自己就一定是沒主見。

理想的境界，是孩子在家裡能夠自由自在地提出自己的想法，並充分被尊重。至少在家裡如果能夠達到那一句：「我並不同意你的觀點，但是我誓死捍衛你說話的權利。」雖然面對青春期孩子的想法，倒不是說就全盤的給予認同，但是，至少讓孩子有充分表達的權利，這對他來說會是一種很好的感受。

如果青春期的孩子能夠同時學習如何進一步說服對方，那麼孩子的問題解決能力就進一步加碼提升。

訣竅164

當信任遇見叛逆

「你相信孩子嗎？」或許你心裡沒什麼把握。常常會聽到父母抱怨說：「我有相信過他啊！但是你知道的，他常常做出讓我們不信任的事，這叫父母如何再相信孩子？」

信任，對於親子關係的維繫是非常關鍵的元素之一，就如同尊重。當父母常抱怨「為什麼孩子總是無法讓我們信任？」或許，我們也可以同步思考，當青春期的孩子坦然地向你說出實話，這時會有什麼結果產生？是否在教養上，我們不知不覺地埋下了讓孩子不敢、不願坦然說的空間？給予青春期孩子信任，我想，叛逆的味道也會淡了些。

困擾三十一
當孩子崇拜偶像

「哇！夏于喬耶，小婉師！小婉師！」當濛濛在車內遠遠地看見在街頭化身為電動牙刷特派員的偶像就在眼前時，整個情緒激動地尖叫起來。

「我的大小姐，你拜託好不好？興奮個什麼勁？上學都快來不及了，還在鬼吼鬼叫。」濛濛爸不以為然地回應著。這時，只見路上塞滿車子，有些動彈不得。當然，濛濛也不理會爸爸的話，繼續轉身回頭遠望著她心目中的小婉師。

「你這孩子，書不好好讀，盡把心思都浪費在這些無聊的事情上。」爸爸話一說完，眼前綠燈一亮，腳踩著油門繼續前進。

「我跟你講，不要被那五光十色的演藝圈俊男美女呼攏，你現在最重要的就是給我好好讀書，準備未來的指考，才有機會選擇好的大學，不要在那邊老是愛作夢。」

「這根本就是兩件事。我喜歡我的小婉師跟準備指考根本沒衝突。讀書、讀書、讀書，我當然知道要讀書。但是你只會叫我讀書，要我讀書，你還知道我什麼？關心什麼？我看你連夏于喬是誰都不知道！」濛濛拉高音調，語氣中帶著些忿忿不平。

「你知道《總舖師》票房破幾億嗎？你知道小婉師在裡面有多可愛嗎？在戲中如何面對挫折嗎？你知道夏于喬現在人氣有多紅嗎？你知道她是文化大學國樂系畢業，專長是鋼琴及揚琴嗎？你知道她和阿基師、詹姆士、曾國城共同主持《型男大主廚》，還得到金鐘獎最佳綜合節目主持人獎嗎？」濛濛劈哩啪啦講了一大串，讓爸爸一時招架不住。

「我看你大概只聽過阿基師？唉，真是落伍！」濛濛不以為然地又回了一槍，頓時讓爸爸更說不出話來。

說真的，不要說小婉師、夏于喬是誰，對於濛濛爸來說，現在正坐在他後座的女兒到底心裡在想什麼，其實還真像孩子的小名一樣，感到濛濛的。只是爸爸似乎沒有覺察到這一點。

「我就不相信你沒有偶像。」這時，濛濛又劈頭反問，「不然，你每天下班後，不時守在電視機前，像個傻瓜一樣盯著螢幕看，還不是在聽你那些怪怪的政論節目裡的人，天花亂墜說三道四，還不是一樣的道理？更何況，我的小婉師還比你的勵志、清新多了。」

突然間，濛濛爸覺得後座的這個女孩子更陌生了。

「這孩子，竟然也教訓起我來？」爸爸心裡嘀咕著。

青春期，親子相處訣竅

訣竅165 從偶像中找到未來的自己？

訣竅166 萃取偶像的正向特質

訣竅167 親子偶像彼此分享

訣竅168 偶像同步，更是漂亮

訣竅165

從偶像中找到未來的自己？

面對青春期孩子的追星或偶像崇拜，或許可以讓我們有機會瞧見孩子心中對未來的期待。而從眼前的偶像中，或許也讓孩子對於自己的未來模樣更清晰。至少眼前有個範本在，在有跡可循的前提下，多少讓自己有個可遵循的方向。對於孩子來說，倒也不是直接複製成夏于喬或小婉師，而是這兩個角色為自己帶來的意義。

訣竅166

萃取偶像的正向特質

當然夏于喬、小婉師只是個例子。其實對每個孩子而言，心中都會有屬於自己的偶像範本，無論是Hebe田馥甄、五月天阿信、小豬羅志祥、盧廣仲，還是霹靂布袋戲裡的素還真、《海賊王》裡的魯夫等，不一而足。

無論是真的歌手、演員，或是虛擬的卡通人物或角色。我們可以試著了解的是，吸引孩子目光的是這些偶像的哪些特質。當我們看見這些正向的特質，無論是人物本身所傳達出來的魅力、才華、努力、抗壓性、陽光開朗、率性或男子氣概，這時再重新來詮釋青春期孩子欣賞偶像這件事，你可能就會有不一樣的感受。

訣竅167

親子偶像彼此分享

常常在演講中，我不時會問現場家長一件事：「你的孩子知不知道你的偶像是誰？」說真的，現場舉手表示說有的，總是寥寥可數。或許有些爸媽不認為應該要讓孩子知道，甚至於覺得自己不該有偶像，當然也可能這麼多年來在自己的生活中，在日常繁瑣事物的摧殘下，老早就沒有心思追尋偶像這種青春期孩子常做的事。

試著主動和孩子分享你的偶像吧！讓孩子也有機會參與你對於偶像接觸的看法。

黃國芬，《那一年的幸福時光》偶像劇裡隋棠所扮演的角色，也是自己第一次知道隋棠這位模特兒與女演員。由於戲劇裡，黃國芬的角色存在著許多吸引自己的正向特質，例如開朗、明亮、貼心、感恩、果決、熱情、直率等，進而也開啟自己欣賞隋棠這位專業演員。

有意思的是，在家裡，當身為爸爸的我專心觀看《那一年的幸福時光》時，孩子也跟著投入欣賞。當我這阿爸和孩子主動分享自己喜歡的角色，其實孩子也聽得津津有味。自然而然，隋棠很容易就成了全家的共同話題，關注的對象。甚至於哥哥還曾出現，「爸爸，你這麼喜歡隋棠阿姨，那你為什麼要嫁給媽媽？」令人莞爾的童言童語。

先從你自己開始分享吧！你的主動自我表露、分享與示範，會讓孩子即刻學習到如何分享，或願意分享自己所鍾情的偶像，讓你們親子之間在生活中多一些共鳴與話題。

訣竅168

偶像同步，更是漂亮

孩子不見得要和父母擁有共同偶像，但如果我們可以認同孩子的偶像，甚至於接納她的偶像，一起和她欣賞同一個偶像。我想這對親子共同話題的交集，將會更為密切。難嗎？我想這事在人為，就看你願不願意進入孩子的欣賞世界。

「濛濛，爸爸也喜歡小婉師耶，上回和全家一起去看《總舖師》時，我對於蒼蠅師女兒這角色就印象深刻，特別是最後那一道菜尾湯的橋段更是打動我心啊！」試著和孩子多一些共同話題，我想距離孩子的心，就不遠。

困擾三十二
孩子愛講手機

「我的媽啊！這個月的電話帳單怎麼這麼多啊！阿彬你電話到底是怎麼打的？你以為講手機是不用錢喔？終身免電話費？真的是不會節制耶。」阿彬媽抖著帳單不敢相信眼前所看到的數字。

「媽，網內互打免費啊！」

「啊！其他的門號哩？還在只給我網內互打，你小心你老爸回來門關起來打！」

「啊！我們班上的同學，還有那些朋友又不都是中華電信的。」阿彬試著解釋，但聽在媽媽的耳裡更加火大生氣。

「你是在做什麼事業啊！生意這麼大，認識朋友那麼多幹嘛！以後是要做業務，開發新客戶是不是？」「書不好好地給我念，每天回來就只會給我打電話、玩手機，我看這回我真的要限制你的手機，不然乾脆把門號也取消算了。」

「我的媽，你千萬別這麼做，我們現在的國中生講手機是很自然的啊！不然現在大家功課壓力那麼大，如果沒有彼此哈拉哈拉，放鬆交流一下，那怎麼熬過這段黑暗歲月。」

「我還在黑暗歲月？你以為我沒有讀過國中喲？你們現在連基測都沒有了，還黑暗歲月哩，我看只能給你易付卡，每個月得要總額限制，不然照你這樣打還得了。你那男人真命苦的阿爸，錢都賺不夠你花。」

「我的媽，你可別把我的人際線給切掉啊！」

「人際線？我還人魚線哩。」

「拜託，我們班上的感情都是透過手機來聯繫的，沒有手機是很遜的好不好？」

「我的阿彬哥，我可還沒想到要把你的手機全停喲，如果你想要當然最好。」

「唉呦，媽，我少打就對了嘛！幹嘛管東管西，你到底了不了現在的青少年？」

「了不了青少年再說，但我跟你講，我很了電話帳單上的數字是多少，別忘了，你爸負責賺錢，我可是負責管錢，當然也包括管你。」

此時，傳來〈金罵沒ㄤ〉的手機鈴聲，「ㄜㄜㄜ……我金罵沒ㄤ金罵沒ㄤ雙人枕頭剩我一人金罵沒ㄤ金罵沒ㄤ呷飯呷麵順便來聞香ㄜㄜㄜ……」

「你還在給我『金罵沒ㄤ』，不要給我接，快去給我做功課，聽到了沒？」阿彬媽雙手扠腰命令著，只是聽著〈金罵沒ㄤ〉，想著《總舖師》裡林美秀演的膨風嫂，阿彬媽不禁笑了起來。雖然孩子愛講手機這件事，仍然讓她感到頭痛。

青春期，親子相處訣竅

訣竅169 看見正向訊息

訣竅170 你在意的是什麼？

訣竅171 使用者付費

訣竅172 尋找替代方案

訣竅173 肯定人際需求

訣竅169 看見正向訊息

請先看見好的那一面，這是親子互動必須養成的習慣之一。在演講的場合中，我經常分享一個想法，「找出每一件事情對自己所帶來的好處」。我想，孩子愛講手機也是如此。

青春期愛講手機，讓你看見什麼？多少反映出孩子在生活中有些熟悉的同伴、朋友存在。在溝通上，能夠彼此產生共鳴、聚焦話題、能言善道、表達流暢。同時在人際關係上，情緒有所寄託，壓力有所出口。

訣竅170 你在意的是什麼？

當然，愛講手機在這裡會讓你感到煩惱，一定有你所顧慮的事，至少長時間使用手機，所造成電磁波對於身體的危害就是許多父母關心的事。除此之外，在這個議題上，你在意的是什麼？是錢、手機通話費？是時間？是講電話的對象？還是直覺地會影響課業？或者你也可能認為以上都有。

你所在意的事，會決定你與孩子該如何地溝通，同樣地可能也會激盪出不同的親子衝突火花。但請提醒自己一件事，你是否看見孩子的需求──關於愛講電話的需求。

訣竅171 使用者付費

如果你像例子中的阿彬媽，聚焦的是在講手機所產生的高額通話費用。這時，你可以與孩子針對帳單內容協調出使用者付費的概念。除了你願意提供多少百分比的基本通話費用之外，你願意再買單多少？

當使用與付費的是不同的兩個人，這時你會發現帳單金額對於孩子來說只是個不痛不癢的數字，套句青少年愛說的一句：「No Fu，沒感覺。」

青春期孩子在享受通話之後，到底該自行負擔多少，這是親子之間要協調的事。但重點在於對自己的行為負責，對自己長時間所累積的高額通話費用負責（無論是自動從生活費扣除，或自行打工買單）。如果對於自付額敏感或吃不消，那麼孩子就得同步覺察自己使用手機的習慣，並進行調整。

訣竅172
尋找替代方案

面對青春期的孩子，在溝通上，請不要直接說「No」，你可以試著以眼前的議題，例如手機通話費過高這件事，和孩子一起尋找替代方案。親子之間可以腦力激盪出解決問題的方式，彼此想出、貢獻新的應對方式，找到彼此都能夠接受的交集點。

例如為了省錢以LINE或FB替代，或使用Skype免費撥打網路電話。當然還是多鼓勵孩子在校課餘時間，多直接面對面對話、聊天，既實際又實惠，彼此關係也能更提升。

訣竅173
肯定人際需求

先跳脫通話費用這件事，我們試著來看人際關係對於青春期孩子的重要性。有時，孩子會以他所認識的「那些人」來強化自我的概念。「那些人」，如果又是班上的意見領袖、班級幹部、社團靈魂人物、學業表現領先群，或擁有眾多粉絲支持的人緣極佳者。這時，自我概念更是水漲船高，自我的接受度也瞬時增強。

與其阻擋孩子與朋友之間的連線，倒不如走進他的人際世界，聽聽他如何分享與介紹另一端的朋友——讓彼此在手機上無所不談、隨時想談的朋友。

當青春期的孩子願意敞開心，願意和父母分享自己的交友。這一步，所換算的親子關係價值，早已遠遠超過帳單上的金額。

當然，手機過量，有礙健康。無論是考量電磁波，還是帳單上的費用，適度使用仍然有其必要。

困擾三十三 當孩子滿腦子只想玩

「我告訴你，讀國中就是玩、玩、玩。」阿銘理直氣壯地向一旁的阿水說著。

「難道都不用讀書喲？你爸媽都不會管你考得怎麼樣？」阿水有些疑惑地問著。當然在班上，他們兩個人常包辦全班倒數一或二。

「你嘛拜託，難道你還擔心沒有學校可以念？十二年國教了耶，通通有獎啦！管你是前三名，還是像我們這種貼心的卡後位，還不都是一樣可升學。」

「但學校會差很多耶！我阿爸就一直警告，如果給他念到後段的學校，我就倒大楣了。」阿水有些擔心地說著。

「唉呦，那是你家啦！反正不趁國中玩，你要什麼時候玩？以後出社會沒有人罩你，自己就得好好努力工作。所以，現在就應該好好玩。」阿銘再一次強調著。

「可是你現在不讀書，以後怎麼可能會找到好的工作？」阿水搔搔頭問著。

「拜託，你到底有沒有看新聞？現在連博士畢業都找不到工作，有的薪水甚至於只有兩三萬不到，你懂不懂？所以，我跟你講，多玩、多注意一些社會事，你才會長大，知道嗎？」阿銘對著阿水的頭，像搓揉麵粉般戲弄著。

「唉呦，很痛耶，放開啦！不要捉弄我啦！你只會玩我，你哪會玩什麼？我看你還不是整天無所事事，哪來什麼玩、玩、玩。」阿水不以為然地反駁著。

說真的，阿銘所謂的玩，或許直接說是不想讀書可能還比較快。他其實也不像有些同學家裡動不動就出遊，自己也沒像有些同學放學後留在學校打球，平時說些五四三的、打屁倒是有。細想阿銘倒像個不知道該做什麼的遊魂。

「拜託，玩就是上課睡覺、聊天打屁、到處晃晃、回家再上網、躺平睡覺，這樣就很悠閒了，好不好？」阿水直覺阿銘是在心虛、硬拗。

「阿銘，我看你是無所事事，不知道該幹什麼吧？雖然在功課上，我也追得很累啦！或許以後也跟你一樣沒有什麼好的高中、高職可以念，但我多少還知道自己現在應該做什麼事。你可是比我聰明，這一點你應該也承認，對吧！但是如果再照你這樣的態度任意地玩、玩、玩，小心把自己的未來給玩掉了。」

青春期，親子相處訣竅

訣竅174 浮冰式的人生？
訣竅175 失焦的青春？
訣竅176 舞台展現
訣竅177 同理青春焦躁
訣竅178 十年後，你在哪裡？
訣竅179 玩不等於遊魂

訣竅174 浮冰式的人生？

面對青春期的孩子，看似逍遙自在地玩樂，但有時在歡樂的表象背後，多少也反映著孩子的焦慮、浮躁、沒有方向感、缺乏目標與重心的腳踩浮冰式的生活。如同海面上的浮冰不是一刻形成的，孩子如此的漂浮生活也是如此。玩一玩、踩一踩，浮冰上的生活著實沒什麼安全感，因為這浮冰隨時會融化。但是孩子看見這樣的景況了嗎？

訣竅 175

失焦的青春？

當生活失去了焦點，自己漫無目的地遊蕩，其實對於孩子的身心來說是相當耗損的。上課睡覺、聊天打屁、到處晃晃、回家再上網、躺平睡覺，這樣的無盡輪迴，就像是一場無盡的生命元氣耗損。是該引導孩子重新找回他的方向，但請先提醒自己，這回可不要又將目標拉回功課、學業上。這對愛玩的青春期孩子來說，只會直接豎起拒絕牌——「謝謝，不來電！」

訣竅 176

舞台展現

我相信，每個孩子都有他專屬的舞台。無論台下觀眾人多人少，台上的孩子總是能夠盡情揮灑。因為在這舞台上，他能夠將自己最優、最棒、最熟練的能力熱情展現。

「可是，我找不到孩子的舞台怎麼辦？他就是只想玩，什麼都不想參與啊！」或許你心裡浮上這樣的疑慮。但請相信你眼前的孩子，他一定有能力。只是多年來被塵封遮掩，這時是需要你仔細地將飛塵擦拭，慢慢地、細心地、敏感地觀察到他的能力。

跳脫自己所存在的刻板印象，或許換個方式，把眼前的孩子看成是鄰家男孩、鄰家女孩。你會發現，我們反而容易輕易地找到他們的亮點。有些父母很有意思，看自己的孩子總覺得不對勁，但總欣羨別人家的孩子處處是才華。你是否也有如此的傾向呢？

訣竅177

同理青春焦躁

數落孩子、激將孩子，倒不一定如你所預期地將孩子從遊魂中脫困。青春期的孩子需要你的同理、需要你的支持，需要你站在我這邊。「阿銘，每回看見你從線上遊戲離開之後，感覺你似乎有些茫然與疲憊。」「阿銘，面對每天的無所事事，似乎讓你感到有些焦躁，是不是讓你想到未來真的不知道在哪裡？」

訣竅178

十年後，你在哪裡？

未來，是否存在你家中青春期孩子的思考裡？有時，你會發現有些孩子會規畫出未來美麗的榮景，然後朝著這方向邁步前進。有時，你會發現孩子對於未來模模糊糊，行進間常常有些遲疑地舉棋不定。有時，你也會發現孩子似乎沒有想過未來這個字。螢幕一打開，不見未來，只見黑影。

「十年後，你在哪裡？」拋個議題讓孩子激盪一下久違的思考力。如同一顆石頭丟在身上讓自己痛一下也好，能夠喚起自己的覺察能力對於青春期的孩子是件好事。

願意思考、能思考，孩子就比較能夠清楚地知道當下自己應該做的事。心，也會比較踏實一些。畢竟，腳踏在陸地上，而不是海中的浮冰。

訣竅179

玩不等於遊魂

玩，不是壞事，而是玩了之後，如果能夠為自己的生活帶來正向的歡樂、愉悅能量、能夠紓解負向壓力情緒、對於周遭生活事物更加敏銳，懂得欣賞，或從玩的事物中激發出自我成長的思考。這時，玩就真的徹底展現出它的絕活。

你孩子心目中的玩到底是什麼？玩對於自己所要帶來的訊息是什麼？我有沒有本錢玩？無論是時間、心力和體力。玩可以玩得很悠閒，沒有心理負擔。但玩不一定要玩到像遊魂，茫無目的，空虛焦慮。

困擾三十四
孩子常遲到、缺課

「我的天啊！楊明現在都已經幾點鐘了，你還在呼呼大睡。我還以為你已經出門了，動作快，我看你這回又要被記警告了，快起床啦！」楊明媽情急地一把將棉被掀起，但只見孩子索性用枕頭將臉蒙住，「吵死人了！走開啦！不要吵我！」「還走開哩！現在都已經九點半了，人家都在上第二節課了，你竟然還賴床，你是不想上學了是不是，現在給我起床。」這時，只見楊明置之不理地翻過身去。

這畫面，讓媽媽忍無可忍，但又莫可奈何。只是導師不斷提醒楊明這種愛來不來、愛上不上，有一餐沒一頓的出缺勤，到時候就怕請假、遲到、曠課太多，擔心畢不了業。

一想到這，楊明媽又再度焦急起來，嗓門也拉高，「楊明，你現在就給我起床，不然我打電話給你爸，叫他回來給你挖起來。」

媽媽試著稍微用威脅的方式，多少看看能不能行得通，因為她知道自己的指令沒有什麼樣的作用，特別是對於賴著不起床的孩子，真的是一籌莫展。只是楊明也早就知道他那忙碌的老爸才不會像媽媽說的，馬上就奔馳回家把自己挖起來。因為這件事，從來沒有生效過。

「唉呦，這回該怎麼辦？」眼睜睜地看著時鐘一路滴答滴答地往十點鐘前進，沒有任何起床跡象的楊明，讓媽媽愈顯得焦急。起床氣，常常是楊明媽不太敢去觸及的地雷。往往一不小心踩到，輕微一點的只是孩子板個臉給自己看，不然常常就是突然來個情緒氣爆。說真的，當楊明這種沒睡飽的情緒一被引爆，頓時除了自己吃不消之外，連帶的孩子也乾脆不爽到校上課。

「叫他早一點睡就是不聽，哪有每天晚上在那邊熬夜看動漫看到快天亮，這當然起不來啊！唉呦，這孩子真的是愈到青春期愈難搞耶，這該怎麼辦？」這一呼呼大睡，不僅僅把上學這件事給睡翻了，成績一落千丈，到校又不穩定，連帶地在人際關係上也顯得疏離。

最令楊明媽擔心的是，再這樣如此不良作息下去，這孩子以後怎麼得了。學習無動機，每天渾渾噩噩地過日子，這怎麼熬到出社會呢？一想到這，楊明媽就嚇得捏一把冷汗，無法繼續想下去。

這時，楊明仍然在房裡倒頭大睡，時間已是上午十一點整。

青春期，親子相處訣竅

訣竅180 追溯晚睡的源頭
訣竅181 哥兒們，上學去！
訣竅182 成就在日光
訣竅183 日光吸引力
訣竅184 沉睡的消沉
訣竅185 遲到、缺課的代價

訣竅180

追溯晚睡的源頭

面對青春期孩子上學晚起、遲到，我想，追溯他晚睡的源頭是一項根本解決之道。最常見的情況在於，前一晚或直到當天凌晨，孩子仍然長時間廝守著線上遊戲或動漫，這一場耗盡相當腦力、體力與心力的肉搏戰，往往壓縮了孩子的睡眠時間，如果他想要準時起床上學。

但畢竟，生理是不饒人的，疲倦沒睡飽，那麼就自動展延睡眠時間，遲到、缺課就在所難免了。

前一晚的清醒活動是否有溝通轉圜的餘地，這關係到歷來彼此的親子約定是否能落實，還是你總是遭遇到片面解約。在這裡，試著重新檢視你的堅持度，及指令下達的有效性，甚至於，拋出你的疑問：「楊明，你認為爸媽應該怎麼做，你才會早一點睡？」

訣竅181

哥兒們，上學去！

試著找到催化孩子起床的誘因，有時，你真的得委請同學、好友助一臂之力。

「楊明早安，哥兒們，上學囉！」青春上學好作伴，多加入一些人際的元素進來。這時，你對於孩子的同儕脈絡就得要有很充分的了解。有些青少年喜歡一起騎車或走路上學，或抵校前，一起窩在早餐店閒聊、哈拉吃早餐。破解遲到，適時啟動友伴關係吧！

訣竅182

成就在日光

嗯，沒錯，試著進行一場親師溝通，共同來思考如何創造孩子在學校的成就動機。首先，親師對於青春期孩子的優勢得相當清楚。例如孩子短跑的速度感、爆發力強，如果老師願意搭個台、幫個忙，讓孩子短跑的衝勁能展現、被看見、成就浮現，例如利用上午進行班際短跑比賽，或者順勢讓孩子參加田徑隊都行。

訣竅183

日光吸引力

細膩、貼心、具巧思的老師，有時為吸引孩子的準時到校動機，展現日光吸引力，往往會選擇早上的時間進行一些班上活動的分享、討論。試著投其所好，甚至於賦予任務，例如擔任分組討論的組長或召集人。多少能夠喚起青春期孩子到校的動力，如果班級導師您願意。

訣竅184 沉睡的消沉

面對孩子在白天的沉睡，有時，在看似懶散、呼呼大睡的當下，其實多少也隱藏了一些低落、沮喪、消沉的情緒。與其不斷地數落、抱怨、叨念等無效的催促，或許試著貼近孩子的心，感受著眼前這個該上學卻躺在床上的青少年，內心是如何地暗潮洶湧或寂靜如死水般。

「楊明，我想你多少有些焦慮、不安，當同學都在教室裡上課，而你卻仍然橫躺在床上。」或「楊明，媽媽可以感受到你的沮喪，或許對於準時上學這件事都無法依約做到，讓你對自己的自律能力控制有些懷疑吧？」

訣竅185 遲到、缺課的代價

校園裡，關於學生獎懲的實施，在無故遲到、缺課這些事情上，都會有明確的規範。無論是累計次數、予以警告、進行愛校服務或功過相抵等。當然，這些獎懲對於青春期孩子的出缺勤改善有多大的效用，總是因人而異。

但孩子無故的遲到、缺課，對於自我行為的負責來說，仍然得要承擔行為的後果。但這後果到底該是什麼？為什麼我們給予他這些代價，就能改善他的遲到、缺課等不良習性？這是我們需要深思的。

或許，先給自己轉個彎想想，如果是我們自己遲到，那麼衍生出什麼代價，才能夠讓我們下不為例？那麼眼前的青春期孩子呢？你了解嗎？

輯四
父母先改變，青春期孩子就有機會改變

面對青春期孩子的叛逆，父母總是自然而然地覺得這是孩子應該要改變的事。在你的眼中，是孩子叛逆變了樣，走偏了他應該遵循的成長軌道；當然，更是超出你的想像、你所能忍受的範圍與界限。

這時，當孩子上網成癮、變邋遢、亂花錢、暴力相向、無照騎車、偷東西、抽菸、三字經不離口、涉足不正當場所、與人同居或發生性關係等，當然，你可能也驚訝於「我的孩子變叛逆了嗎？」或疑慮「我的孩子怎麼沒叛逆？」

面對孩子的叛逆，眼看著孩子的行為脫序，我想，期待孩子改變是相當自然而然的反應。但是，對於青春期孩子的叛逆，面對親子衝突與嫌隙，如果只是單方面期待孩子自己改變，說真的，可以預期這將會是一場無解的親子關係。

親子關係很微妙，當父母先改變，青春期孩子就有機會改變，這是不變的道理。

困擾三十五
當孩子變邋遢

「OMG！你的房間是豬窩啊！怎麼亂成這樣？你是把床鋪底下當成垃圾堆是不是？這些飲料罐、泡麵碗、麵包塑膠袋，我的老天啊！你怎麼成了這副德性？」原先是為了尊重孩子的隱私，同時想畢竟到了國中應該要放手，讓阿寬練習料理自己的日常生活事務。只是才沒幾天，這副髒亂不堪的景象，讓阿寬媽感到怵目驚心。

「這……」媽媽氣急敗壞，一時說不出話來。

「唉呦，你在緊張什麼勁啦！收一收不就得了，緊張個屁啊！」阿寬一副不以為意的模樣，讓媽媽更覺得不可思議。

「你看你的床，吃喝拉撒睡全都在這一張上面，像什麼樣？遊民啊！」

「拜託好不好，全部集中在一起，不是順手多了？反正這是我的床、我的房間，我又沒有礙到別人，別管這麼多好不好？囉哩叭嗦的。」

「還給我嫌囉嗦，你聞聞看？」這時只見媽媽將床上的汗衫和臭襪子往阿寬的鼻前送。

「你別鬧了好不好，很煩耶！」阿寬有些不悅地將頭撇開。

「這味道像什麼？死魚味？如果有人到家裡來那還得了。」

「拜託，這是我的房間，我幹嘛讓別人進來。你管好多ㄟ，煩不煩啦！這麼嫌髒嫌臭就通通拿去洗啊！無聊。」話一說完，阿寬隨即躺在床上，繼續看著他的動漫。

阿寬媽一直百思不解：「為什麼這孩子會變成這副模樣？是我放手太快？還是以前幫他做太多？怎麼讀到國中了，生活習慣這麼的差？這孩子心裡面到底在想什麼？怎麼愈來愈把我弄糊塗了。」

「是繼續幫他服務、幫他做？還是讓他隨波逐流？」阿寬媽有些感到兩難，但是她很明確地知道如果順著阿寬目前的狀況下去，那她簡直無法想像過個幾年後，孩子到底會成了什麼模樣。

「不行！不行！我們家可不是這樣的，亂成這樣，怎麼像話。」阿寬媽最後決定先幫孩子動手整理房間，只是心中還是一直納悶著：「奇怪，我從以前就一直提醒、一直叮嚀阿寬要乾淨、要整齊。只是怎麼愈說，孩子似乎離目標愈遠？」「難道這也是一種叛逆嗎？只是把自己弄成髒亂不堪又是在叛什麼逆呢？」「哎呀！現在的青少年還真的是難纏啊！」阿寬媽搔著頭，無奈抱怨著。

青春期，親子相處訣竅

訣竅186 邋遢冰山的底下
訣竅187 邋遢中的注意力缺陷
訣竅188 邋遢的同理反映
訣竅189 翻轉囉嗦
訣竅190 幫倒忙
訣竅191 邋遢的代價
訣竅192 歡迎光臨

訣竅186

邋遢冰山的底下

面對眼前青春期孩子的邋遢表現，除了讓你搖頭嘆氣孩子的生活自理怎麼亂成這副德性之外。有時，你可能要進一步思考的是在這邋遢之下，是否告訴著我們關於孩子的其他關鍵訊息。例如可能存在的注意力缺陷，或孩子的低自尊、低自信等。

訣竅187

邋遢中的注意力缺陷

對於注意力缺陷的孩子，我們往往也能在日常生活中發現他的一團混亂。這些混亂令這些孩子生活變得低效能，常常耗盡許多時間與心力在找尋眼前所需的物品。當然，老是換來一堆叨念也可以預期。

如果孩子邋遢的根源來自於自我控制上的注意力缺陷，這時你介入的方向就得轉為尋求相關醫療專業的協助，例如兒童心智科、兒童青少年精神科、兒童心理衛生中心等醫師、臨床心理師或職能治療師協助。

訣竅188

邋遢的同理反映

「阿寬，我想面對亂成一團的房間，感覺你也很無奈。」「阿寬，媽媽猜想你內心多少有些無力感，面對眼前的混亂不知從何做起，心中多少也對自己的執行力有些懷疑。」

訣竅189

翻轉囉嗦

面對孩子的生活邋遢模樣，總是容易燃起父母想要劈頭大罵的念頭。如果責罵有用，那麼邋遢就不會是難事。當我們總是雞蛋裡挑骨頭，甚至於你可能會覺得眼前竟都是骨頭，不免地讓孩子感到我們老是在囉嗦。

「為什麼你不看到我的好？」或許孩子心中曾有如此的吶喊。當然，請別反駁，「你哪一點好？」如果總是在爭辯中環繞，那麼邋遢的受災範圍只會愈來愈擴大，災情愈來愈慘重。

試著多看孩子有的，多說孩子做到的。好話多多益善，試著讓囉嗦翻轉。或許這翻轉也能進而啟動孩子的執行力，讓邋遢和自己說再見。

訣竅190

幫倒忙

「動手幫忙孩子做？還是讓他隨波逐流？」的確是父母面對孩子生活邋遢的兩難。但是請想想，房間你整理了，垃圾你收拾了，回收你分類了，地板你擦拭了，髒衣你清洗了，棉被你幫忙摺了，書桌你也清乾淨了……後面還有許許多多你直接動手幫他做了。那麼請問這些幫忙對於孩子的自我成長會是什麼？

常常在演講中，我不斷地提醒著一件事：「當你幫孩子做愈多，你會愈來愈聰明，但別忘了，孩子會愈來愈笨。」因為，你都把他的經驗全部搜刮一空。情何以堪的是——我們是否幫倒忙？

訣竅191

邋遢的代價

我們總是不願意眼睜睜地看著孩子被別人嘲諷、揶揄、數落、批評、責罵，甚至於因此造成孩子在人際上的被拒絕、被排擠。但是眼前孩子的邋遢是否應該讓他承受如此的代價？或許你於心不忍，仍然想在孩子掉落人際問題的深溝前，拉他一把，所以又動手幫他做了。

青春期的孩子是需要學習對自己的行為負責。代價，至少要讓他了解如果繼續如此邋遢，那麼套一句電影《無間道》裡的經典台詞——「出來混，遲早要還的。」

訣竅192

歡迎光臨

當然，你還是不希望見死不救，讓孩子的邋遢繼續沉淪下去。或許，來個必殺技——邀請孩子的朋友到家作客。畢竟對於青春期的孩子來說，門面的印象還是得維持。

或許一次的經驗，讓孩子主動在生活自律上啟動了。或許僅是一次成功的經驗。但請提醒自己，孩子需要被看見——原來我自己也是做得到！

困擾三十六 當孩子亂花錢

「老媽，再給我一張四個小朋友。」阿弘伸出右手、抖著腳，有些弔兒郎當、神色自若地向媽媽要錢。

「四個小朋友？我的媽呀！你最近是在幹嘛，不是前天才給你一張五百，怎麼用錢用得這麼凶？」

「拜託，我要繳手機通訊費、開卡點數儲值、吃飯、喝飲料，還有悠遊卡也要儲值，難道你要我沿著捷運線走路去上學？開玩笑。」阿弘一副理所當然的模樣，讓媽媽非常不以為然。

「你一個月到底要講多少電話費？」

「你拜託好不好，我朋友很多耶，我們有很多重要的事情要說、要溝通好不好。」

「你才幾歲？事業這麼大，你是在做保險、直銷啊？有沒有搞錯，書不好好讀，盡做些不務正業的事。」

「交朋友哪是不務正業的事？到底給不給啦！不給我，我先去跟同學借。」阿弘略帶威脅地回應著，因為他知道媽媽吃這一套。

「你那什麼開卡儲值點數又是什麼？」

「吼，你很愛問耶，不懂就不要問。反正先給我一千塊啦，這回我省一點用。」阿弘顯得有些不耐煩，右手更向前伸出去。

只是阿弘媽有些猶豫，「這孩子最近花錢像流水，阿弘爸賺錢的速度也沒這麼快，哪來得及應付他花用。」

但阿弘媽也很擔心如果不給，這小子還真的會跑去向同學借。她只是納悶，為什麼對方有那麼多錢可以借？更何況在校內，不是不允許學生之間有金錢往來，免得日後鬧糾紛嗎？

阿弘媽知道孩子就是抓住這一點。自己的擔心往往成了孩子的金融卡密碼，隨時臨櫃，隨時無限領用。

媽媽一直在想：「阿弘現在才高中，花錢就這麼沒有節制，如果以後工作連基本的22K都沒有，難道真的要打個電話，回來跟父母伸手要錢？錢當然愈多愈好，誰不想？只是阿弘現在又沒有那個條件，憑什麼花這麼凶？」這些話只能說在媽媽的心裡，但她卻不太敢直接開口跟阿弘講道理。因為依過去的經驗，只要類似的話一說，就不免俗地得接受孩子發一頓脾氣。

阿弘媽有些自責起來，「是不是因為獨生子的關係，太寵他，把阿弘慣壞、養壞了？」但她卻又矛盾地覺得，「是不是這孩子已經長大了，開始有比較多自己的需求，只是沒賺錢，所以先伸手向父母要？」

只是，一旁的阿弘已經等不及開始嚷嚷著：「我的老媽，你在發什麼呆？趕快給我一張四個小朋友啦！」

青春期，親子相處訣竅

- 訣竅193 想要與需要
- 訣竅194 多少才夠？
- 訣竅195 使用金錢的自由
- 訣竅196 提領上限
- 訣竅197 情緒勒索
- 訣竅198 付出換美好

訣竅193

想要與需要

想要與需要，是孩子必須學習分辨，及自我克制的一件事。例如當孩子平時需要使用手機聯繫，這時一般的手機（非智慧型）是需要，但iPhone5s或HTC One對於孩子來說則是想要。

當孩子什麼都想要時，我想，錢就像個無底洞一樣，不管投入多少，永遠都無法滿足孩子的想要。試著讓青春期的孩子學習以需要為主，除非能力所及，例如自己已擁有足夠的儲蓄，偶爾再考慮購買想要的物品。

訣竅 194

多少才夠？

沒有人嫌自己錢多，有錢當然多多益善，對於沒有經濟來源的孩子當然也樂於如此。多少才夠？沒有個譜。但這裡，主要是讓青春期孩子重新檢視自己的需要與想要清單。讓孩子列出這些清單，隨後再逐一討論哪些「需要」保留，哪些「想要」的物品逐一比較、刪除。

或許最後仍然會列出「想要」的物品，但這時就需要來衡量自己能夠使用的金錢有多少。多少才夠？讓孩子把數字算出來吧！當然最後不見得就是你全買單。

訣竅 195

使用金錢的自由

對於青春期孩子來說，能夠自主地使用金錢，當然對於獨立及自認長大這件事，有著非常強烈的意涵。但使用金錢的自由，除非今天孩子本身有經濟來源（例如打工所得或先前所累積的零用錢等儲蓄），否則透過伸手牌所換取的經濟自由，如此獨立、做想做的事（特別是任意消費）仍然是一種自我感覺良好的假象。

訣竅 196

提領上限

當你與孩子之間存在著零用錢的給予，請勿讓自己理所當然地成為免密碼、無提領上限的ATM。

每日多少上限才合理？這牽涉到孩子的零用錢如何取得，例如無所事事卻仍然每日自動撥款，或執行某些約定的方案（例如家事）領取該有的酬勞。以及先前所提及的，在想要與需要拿捏之間，加加減減之後，所需開銷的花費。

但無論每日提領的上限為何，非常關鍵的一件事，在於提醒自己「錢不能憑空掉下來，跑到孩子的口袋，凡事都需要有相對的付出。太容易得到的東西或金錢，孩子鐵定不會珍惜。」請勿讓孩子覺得給錢是件理所當然的事。

訣竅197

情緒勒索

請自問「如果不答應孩子的要求給錢，到底會怎麼樣？」你在怕什麼？怕孩子去借？偷？搶？還是情緒發飆、失控讓你招架不住？你願意接受孩子的情緒勒索嗎？如果答案是「Yes」的話，那麼你要有心理準備，親子關係在金錢這件事情上，將陷入周瑜打黃蓋，一個願打，一個願挨。

當然，你可能會陷入給不給的兩難，甚至於擔心「如果不給，那孩子去偷、去搶，該怎麼辦？」青春期的孩子需要為自己的行為負責。當孩子如果真的踩到法律的那條界線，那麼他仍然是需要付出該有的代價。雖然，我們不願意遇見如此的下場。

訣竅198

付出換美好

「為什麼錢不是你自己賺？不是你自己努力付出得來？」或許你可以問問自己的孩子。花錢帶來的美好，或許人人都想要，但重點還是在於要先有付出。

在這裡倒不是鼓勵青春期的孩子一定要外出打工，賺取零用錢，付出，有時場域可以是在家裡。但付出勞力、心力才有所得的概念，仍然需要傳遞給孩子。

困擾三十七
當孩子總是暴力相向

「幹！你他媽的，犯賤！」阿深隨手拿起桌上的悅氏礦泉水，直接往小光的臉砸下去，痛得讓小光掩著臉大聲哀號，一旁的同學即時閃開，免得遭受池魚之殃。「我警告你！小光，下回如果你敢再給我背後說風涼話，小心砸過去的可就不是礦泉水！」阿深話一說完，書包一背，掉頭就離開教室，隨後教室裡一股騷動。

當然，對於阿深來說，這回砸寶特瓶已經算是很客氣的一次。上個禮拜，自己才因為與他校的中輟生在學校圍牆外，互砸石頭、磚塊而被學務處嚴重關切過。當然，也因為這舉動嚴重影響校譽被記了兩支大過。只是，記過歸記過，似乎撼動不了阿深的暴力。

「唉呦，這孩子打從讀國中開始，個性就開始變得很衝，動作也很火爆。唉，也不知道從哪裡學來這些，主任你也知道，我們做父母的也很難管得動。」阿深媽有些羞愧地向學務主任解釋著，一旁的阿深則事不關己的蹺著二郎腿，撇著頭，板著臉，眼神注視著窗外，不發一語。

「阿深媽，你應該知道，學校為了阿深這段時間的暴力，不知道已經開過多少次的會議。你知道我們老師的時間都很寶貴，但是你也知道阿深的行為也都沒什麼改變，所以我建議……」主任欲言又止看著落寞的阿深媽，思索著是否需要把話說出來。

「嗯，學校的想法是讓他請假在家，休息一段時間，或者是看你們能不能帶阿深去就診。」主任吞了吞口水，勉強地把話說完。

「就診？就什麼診？你是說阿深需要去看醫生？看什麼醫生？為什麼要看醫生？」阿深媽有些情急起來，她不解為什麼孩子常和人打架這件事，需要去看醫生？當然，另一件令自己為難的，就是請假在家。

「主任，你這麼說好像有點不對耶，學校不是都應該鼓勵孩子要按時上學？更何況，阿深又沒有生病，請假在家，幹嘛？那沒上到的課怎麼辦？你們老師怎麼會出這種主意，我看不要說我，連阿深爸都不會答應的。」說著說著，阿深媽似乎覺得應該捍衛孩子的權利。雖然，阿深老愛動手這件事，自己也覺得理虧。

突然間，氣氛一時尷尬了起來。主任與阿深媽兩人相視久久不語，而阿深仍然冷漠地坐在一旁若有所思著。

青春期，親子相處訣竅

訣竅199 暴力之聲
訣竅200 失控的人生，打出自我？
訣竅201 悔，無悔
訣竅202 暴力的代價
訣竅203 暴力退場，解決登場

訣竅199

暴力之聲

當砸出寶特瓶、石頭、磚塊或拳頭的那一剎那，當你已經嗅到孩子的不滿、憤怒、生氣、鬱悶或不爽等情緒。如此的暴力之聲是要告訴我們什麼訊息？是一種挫折反應？模仿學習？生理性的衝動無法控制？壓抑情緒的宣洩表現？或視為一種有效的社會性掌控？

但可以確認，暴力正也宣告著眼前青春期孩子的問題解決能力並沒有好好地被發展出來。

雖然暴力，在部分孩子的眼中，常自覺是一種直接有效的解決方式，但卻是一種很糟糕的選擇方式。因為，暴力往往造成不可逆——無法挽回的傷害，甚至於生命的遺憾，無論對自己或他人。

請提醒自己，叛逆不等同於暴力，但有時青春期孩子卻選擇以暴力來呈現他的叛逆。

訣竅200

失控的人生，打出自我？

常常以暴力解決問題的孩子，往往缺乏自省的能力與經驗。不思考、不面對，雖以火爆、衝動、狠勁、嚇阻、警告他人，自我感覺或許會好些，但其實自己到底是誰，想要成為怎樣的自己，青春期的孩子還是模糊了些。

「做自己」是許多青春期孩子的叛逆主打歌。試著與孩子對話，「使用暴力，你想宣示什麼、證明什麼？」「以拳頭、攻擊打出自我？這個自我又會是什麼模樣？」「你真的欣賞如此以暴制暴的自己？還是用暴力掩飾脆弱的自己？」

不思考的自己，暴力只會繼續黏著你，試著讓孩子注意這點。

訣竅201

悔，無悔

面對孩子使用暴力來解決問題，甚至於因此衍生出更多的問題，無論是法律上的後果、人際上的惡性循環，我們是否嗅聞到眼前青春期孩子的悔意，這部分關係到我們對於孩子的敏感觀察。

如果有，那麼孩子會如何呈現出他的態度？道歉？說抱歉？痛改前非，不再出現？但如果期待低下頭，認錯，對於青春期孩子來說，這悔意是沉重了些。但就怕孩子經歷了這些風風雨雨，仍然無「悔」，而毀了自己的青春之路。

訣竅202

暴力的代價

暴力是需要付出代價，這一點無庸置疑。只是這代價的重量有多少？當大人對於暴力的漠視，或無效解決（例如對有些孩子的被記過），其實正是對孩子暴力的一種鼓勵與強化。

以上述例子來說，當阿深在校出現暴力，假如最後結果，透過會議，決定讓當事人請假在家，休息一段時間。這時，暴力所產生的就是一種「獲得」——原來運用暴力可以讓自己不用上學這件事。如此，只會更強化孩子未來再度出現暴力行為。因為，這說明了暴力可以帶來雙重獲利——解決問題（例如阿深警告小光，不要在背後說風涼話）與迴避自己所討厭的事（例如休息在家，當然在家通常更樂）。

當孩子的暴力行為已經逾越法律，這時當事人確實得承受可能付出的慘痛代價，例如當被控傷害罪等出庭，以及可能觸及到的訓誡處分、收容、保護管束或感化教育等執行。

訣竅203

暴力退場，解決登場

「阿深，其實你也很茫然。茫然於自己為什麼老是選擇暴力？這可能讓你對自己的問題解決能力缺乏信心，是嗎？」試著同理眼前青春期的孩子，並協助他一起覺察自己的現況與困境，進一步尋求改變。不用暴力，那得要……親子的腦力激盪——共同找到最佳的問題解決策略。

困擾三十八
孩子無照騎車

「阿萬，你上學幹嘛拿著安全帽？你可是還沒有機車駕照喔！」媽媽有些疑惑地盯著。「唉呦，我的阿母，是學長要載我啦！別在那裡緊張，我要出門了。」說完，阿萬書包一背，帽子一拿快速地離去。

「這孩子到底在搞什麼鬼？」阿萬媽刻意走出巷子，遠遠地望見穿著制服的阿萬跨上一台SYM三陽機車的後座，揚長而去。

當然，阿萬這孩子前陣子不斷地在跟媽媽吵著想要分期付款買輛機車。但畢竟未滿十八歲無法考駕照，所以阿萬媽根本不當一回事，連理都沒理。只是這一兩個禮拜常看到他手中多了一頂安全帽，突然開始有些懷疑起來。

然而，阿萬可精打細算，當摩托車駛過兩三個紅綠燈之後，隨即與前座的學長交換，改由他騎乘，當然這時他也披上外套將制服遮住，書包改由後座的學長背著，以預防路上的警察臨檢。畢竟，還是不要冒著無照被抓的風險。

機車並未往學校的方向前去，反而快速騎往圓環與其他朋友集結。

「幹！大白天就要飆車有沒有搞錯？不怕被條子抓。」阿萬說話的語氣突然和在家裡變了一個樣，畢竟他還是希望在阿母面前持續維持乖巧的模樣。

「你不知道這才刺激，晚上飆太遜了啦！」學長回應著。「無照飆車試不試？」

「幹！誰怕誰？」

「有種，所以才把你帶來。待會兒，車隊會陸續過來，小子，這回就看你了。」

阿萬心裡興奮又不安。畢竟，上午蹺了課，以自己在媽媽心目中的好模樣，總可以找個好理由來搪塞。然而，自己雖然無照，但也偷偷騎了一段時間，只是說飆車，特別是和一群人飆車這可是第一回。更何況，除了學長之外，其他的人可都陌生。

阿萬心中五味雜陳，快速飆車想想就刺激，但也有一股莫名的焦慮與擔心。因為，他不知道在這段飆車競速的旅途中，到底會遇見什麼事？最後會發生什麼事？當然在這等待的空檔，他也突然地想著，「我現在到底在幹嘛？」

關於無照騎車這件事，阿萬倒沒有仔細去思考過，自己為什麼要踩這道紅線，僅感覺在第一次發動著油門那一刻，突然有一種做自己的感覺。至於決定飆車呢？在阿萬現在的腦袋裡是一片模糊。

青春期，親子相處訣竅

訣竅204 我到底在幹嘛？
訣竅205 叨念無效
訣竅206 掌握速度的同理
訣竅207 那些年，我也叛逆的日子
訣竅208 默許，無照騎乘許可證
訣竅209 無照騎車做自己？
訣竅210 無照騎車之法律責任

訣竅204 我到底在幹嘛？

在尋求刺激的當下，青春期的孩子往往無法去思索「我到底在幹嘛？」也因此在欠缺周延的考量下，逾越了法律的這條界線，甚至於造成不可逆的生命遺憾。

你可能會苦惱並無奈「我的孩子就是叛逆，聽不下去我的勸告」。或許，在這裡我們並非是要去指責、批判、叨念孩子的無照駕駛，甚至於飆車的不是。因為，只針對行為的表面去糾正、除錯，青春期的孩子是不領情的。有時，甚至於適得其反。

「我到底在幹嘛？」你可以透過文字，經由便利貼，以無聲的提醒，取代你的開口。特別是，當孩子不想、不願聽你的任何勸誡。

「我到底在幹嘛？」在無照駕駛之前，在即將飆車之際，對孩子心中的小小提醒。

訣竅205 叨念無效

沒錯，我知道你很想直接警告孩子，「阿萬，我跟你說喲，以後你再無照駕駛試試看？再這樣，你以後就別想給我出去，還買摩托車勒。」但我可以確認一件事，這一句話說完，會比沒說還糟糕，因為大多數青少年不太吃這一套。

訣竅206
掌握速度的同理

面對眼前看似叛逆的孩子，試著反映他的感受。或許你真的不願意讓孩子時常處在這危險的騎乘中，但是先同理，孩子多少會覺得你其實還懂他、了解他、接納他。

「阿萬，我想你的心情一定是不安又焦慮、擔心又期待，關於今天上午蹺課飆車這件事。」或「阿萬，我可以感覺到你騎摩托車的興奮，或許在掌控速度、油門與煞車之間，讓你有一種我已經長大的滿足感。」

訣竅207
那些年，我也叛逆的日子

有時，眼前青春期孩子看似陌生。逾越規範的舉動，讓你百思不解，為什麼三番兩次的勸告都還是無效？或許，學起哆啦A夢打開書桌的抽屜，搭著時光機穿越時空，回到那些年，自己也叛逆的日子。遙想當年又是哪些想法組成了你的叛逆？想想自己，看看孩子，你會發現彼此的心會拉近一些。

訣竅208

默許，無照騎乘許可證

是否真的沒有任何的蛛絲馬跡顯示孩子騎車？還是彼此望著手上的安全帽心照不宣？有時，面對眼前青春期孩子的無照騎車，我們的無聲，對於孩子來說卻是一種有聲的默許。

訣竅209

無照騎車做自己？

「做自己」，這三個字常常在青春期孩子的心中吶喊，或者在口中琅琅上口。但「做自己」是否就可以無限上綱到為所欲為？我想，這一點需保留。「做自己，為什麼一定要無照騎車？飆車，又是要證明自己什麼？」試著讓孩子說服你。

訣竅210

無照騎車之法律責任

青春期孩子對於自身行為，是需要懂得及恪遵相關的法律常識。有時，孩子抓住無照駕駛不會有刑責，只因違反《道路交通管理處罰條例》，所以需要負擔行政責任，也就是僅處以行政罰鍰，花錢了事。

讓孩子知道依據《道路交通管理處罰條例》，「汽車駕駛人，無駕駛執照駕車、酒醉駕車、吸食毒品或迷幻藥駕車、行駛人行道或行經行人穿越道不依規定讓行人優先通行，因而致人受傷或死亡，依法應負刑事責任者，加重其刑至二分之一。」

青春期孩子想要獨立、想要展翅，但自由翱翔仍然需要在一定的法律規範內。沒有一個生命有義務，去擔負你的好奇、衝動、尋求刺激而受到任何傷害或生命打擊，這一點毫無疑義。

困擾三十九

當發現孩子偷東西

「小璇，媽媽再問你一次，抽屜裡的這些手機到底是怎麼一回事？」這時只見小璇不發一語、面無表情地望著被拉開的抽屜，裡面擺放著好幾支看似全新的手機。無論是SAMSUNG GALAXY Note 3、LG G2、HTC Butterfly s、Sony Xperia Z1等。

小璇媽知道這件事非同小可，只是她非常無法置信眼前這個在父母與老師眼中，十足模範生模樣的小璇怎麼在她的抽屜裡，出現這些令人驚訝的玩意。「說，這些手機到底是怎麼一回事？」這句話，在下午已經不知被媽媽說過多少次，只是小璇仍然選擇緘默，沒有辯解、沒有對立、沒有任何的回應。

「小璇，難道你一定要逼媽媽脫口說出那個字？」說真的，「偷」這個字眼，媽媽從來就沒有想過會用在自己的孩子身上。只是，不只眼前這些令人目不暇給的手機讓自己感到非常不自在，就連眼前這個國中女生也突然覺得陌生起來。

「以前的小璇是不會這麼沉默的，當然，以前的她也不會這麼做。」「偷」這個字眼，媽媽還是不想在心裡說出來。

「這到底是怎麼一回事？」從中午發現抽屜裡的這些手機後，小璇媽心裡就只能不斷地浮現這個念頭。現在，她除了不斷地問，說真的，她也不知道該怎麼問。因為，真的真的從來沒想過這件事怎麼在小璇的身上發生？

當然，媽媽更無法想像，如果這件事讓小璇爸知道，可以預期一顆黃色炸藥即將在親子之間引爆。「但到底該不該讓爸爸知道？」小璇媽心裡焦急著，尤其眼前這個孩子仍然維持緘默。

「這些手機，你是跟同學借的，對吧？」媽媽有些心虛地問著，雖然她覺得不可能是這一回事，但她寧可這麼想，心裡才會自在、舒暢些。

「什麼時候要還人家？要不要我幫你打電話，告訴對方？」這時只見小璇嘴角略微苦笑地動著。

「小璇，我知道現在有很多新的手機廣告很吸引你們這群青少年，其實你心裡也很想要有一支手機，對不對？我可以買給你，甚至於現在新的iPhone 5s、iPhone 5c 都可以，你要哪一支款式的手機告訴我，媽媽可以買給你。」媽媽近似懇求地向孩子說著，但小璇仍然不說一句話，只是默默地看著急如熱鍋上螞蟻的媽媽，而自己的眼角則泛著淚光。

青春期，親子相處訣竅

訣竅211 偷，背後的需求
訣竅212 偷的代價
訣竅213 在了解與處罰之間
訣竅214 孩子偷竊，父母改變
訣竅215 偷，除了叛逆之外
訣竅216 偷，讓我再次認識孩子

訣竅211

偷，背後的需求

面對孩子的偷竊行為，我想是許多父母心中的困惑與痛。「為什麼會這樣？孩子在家不愁吃、不愁穿、要什麼有什麼，為什麼還要偷？」

偷，是一種行為的表象。偷，不容於社會的規範。但偷，有時卻傳達出特殊的訊息。沒錯，面對孩子的偷，你可能費盡心思想要找到那一套能讓孩子知過能改的處罰方式。無論是剝奪她的權利，或是給予她嫌惡的刺激，甚至於打算限制她的自由。但面對偷所要傳達的訊息，我們是否能夠清楚地解讀。

如果我們沒有看見、聽見、感受到青春期孩子的內在需求，無論是情感的、物質的、生理的。如果僅是一味地想要遏止孩子的偷竊行為，而忽略對於需求的滿足，或許孩子不偷了，但就等待其他的偏差行為出場了。

訣竅212

偷的代價

當然，例子裡的小璇，藉由讓自己行為的越界，以偷來尋求父母的關注。除了考量其背後的需求外，當然，面對違反社會規範的偷竊行為，青春期孩子仍然得面對該行為所需付出的代價。

當然，這代價是什麼？試著從孩子的立場來思考。你可以問孩子，「關於偷竊這件事，你認為媽媽應該怎麼處理？你應該接受怎樣的處罰？」把球拋回給孩子，讓孩子思考與覺察「偷」這行為所該付出的代價。或許你的孩子選擇不說，但她仍然須接受這顆球，強迫思考，偷竊與行為後果之間的關聯。

訣竅213

在了解與處罰之間

面對孩子的偏差行為，有時我們需要思考與權衡的，在於我了解孩子與處罰孩子之間的比重。了解，讓我們有機會進入孩子的內心深處，看見偏差行為所要傳達的真正訊息。因此，在蹺蹺板的兩端，了解仍然是需要多一些、重一些。對於青春期的孩子了解多了，相對地，她可能衍生被處罰的問題就少了。

訣竅214

孩子偷竊，父母改變

你可能會納悶，面對孩子的偷竊行為，應該優先改變的是她，怎麼會是我呢？但請試著先思考關於孩子偷這件事，我們曾經做過什麼努力呢？這就如同孩子如果放出「請關注我」的訊息，那麼，我是否聽見，然後改變呢？

訣竅215

偷，除了叛逆之外

偏差行為的出現，例如偷，往往也讓你直覺認為這孩子竟如此「叛逆」。但請勿簡化「叛逆」這件事，你除了驚呼這孩子怎麼竟做出違反社會規範，於法不容的行為之外。關於青春期孩子的偷，你需要仔細思考究竟是怎麼一回事。

除了上述小璇的尋求注意之外，有時，你得需要澄清是否孩子的物質需求沒有被滿足？是孩子行為衝動、難以克制？是偷對於孩子來說是家常便飯、沒有行為後果嗎？難道是一種強迫性、情非得已的偷？還是孩子法律知識、所有權、道德感太薄弱？

訣竅216

偷，讓我再次認識孩子

十足模範生模樣的小璇，竟出現偷竊行為？我想這衝擊對父母來說如同一顆震撼彈，震出眼前這個孩子的陌生。只是曾幾何時，我們一直認為對她很熟悉。

只是靜下心來想，我們熟悉孩子的，關注孩子的，到底是什麼？除了「乖巧」、「模範生」之外，還有什麼呢？當孩子拋出「偷」這顆震撼彈，也炸開了「乖巧」、「模範生」這表象，是該讓我們好好地重新來認識眼前這個孩子，正值茫然青春期的孩子。

困擾四十
當孩子抽菸

「奇怪，這孩子的衣服怎麼老是都有一股菸味啊？」大智媽邊收拾孩子待洗的制服，滿臉疑惑想著。

「不會啊！大智這孩子從以前就乖得很，連他爸要他跑個腿去便利商店買包菸，他都還會拒絕說：『禁售未滿十八歲青少年，依據菸害防制法規定，賣菸給未成年人，可處一萬元到五萬元罰鍰。』所以他怎麼可能偷抽菸呢？」

只是這些淡淡的尼古丁味道讓大智媽心中感到有些不安，「難道大智有些事隱瞞著我？」

說真的，大智媽很怕孩子學壞，特別是在讀國中的這節骨眼上。為了大智的品格著想，夫妻倆還特別為孩子慎選了管教甚嚴的私立中學，因此提前遷移戶籍這件事，早在多年前就讓他們倆費盡心思，當然最後也如願地進入私校就讀。

「抽菸這件事，私校應該管得很嚴吧？」大智媽問著一旁低頭盯著平板電腦瞧著的先生問著。

「私校應該不會管到家長抽菸吧？」

「大智爸，你在說什麼？我是說私校對於學生抽菸這件事應該管得很嚴吧？」

「你是說大智抽菸？」

「我沒說他抽菸，只是最近在洗衣服之前，常常從他的制服上聞到一些淡淡的尼古丁味道，這一點讓我有些擔心，他會不會變壞了？」

「抽菸不見得就是變壞啦！親愛的老婆，你看我有哪一點壞？」大智爸開玩笑地說著，但大智媽一點都不領情，劈頭就數落著，「哪一點壞？單單老是在孩子面前抽菸這件事，就壞得很，老是說不聽。」

「我跟你說，你抽不抽菸，那是你的事情。但是如果我家大智從他老爸身上學到這一點，我就一定會跟你算帳，狠狠地算帳！」大智爸頓時尷尬得眼神不敢直視老婆一眼，繼續低頭望著平板。

「難道叛逆在無聲無息的菸味中，悄悄進行？」除了國中選讀私校這件事情之外，在大智媽的心中，長期以來一直惦念著的當然也包括青春期孩子「叛逆」這件事。

說真的，大智在師長與父母的眼中，仍然是一副典型的乖乖牌，這一點也是夫妻倆在親朋好友之間老被稱讚的事。

「哇！你們家大智真的很懂事耶，又乖又聽話，哪像我們家那小子，升上國中之後就像脫韁野馬不聽使喚了。」

「嗯，果然私立學校的校風比較嚴謹，你看你家的大智真的是彬彬有禮，就像加了防腐劑都不會變壞！」

當「防腐劑」三個字從姑姑的口中脫口說出時，那一刻，大智媽還真的一點都笑不起來。

「我眼前的大智，真的就是他嗎？」

青春期，親子相處訣竅

訣竅217 請先接納我

沒錯，我想大多數父母不願看見孩子抽菸，絕大多數父母一發現孩子抽菸，就很容易立即要求停止。如果，用說的能夠讓孩子戒菸。那麼，抽菸大概也不會是怎麼困擾你的事。但事情總是事與願違，面對青少年，你愈說，他愈做。你愈禁，他愈抽。

「你是抽淡菸？還是濃菸？」或許你會覺得不可思議，「什麼？不是要勸他不要抽菸嗎？怎麼還跟他聊起菸來？」面對孩子的抽菸，請試著先接納，這會是讓孩子願意開啟對談的關鍵鑰匙之一。先接納孩子，你才有機會了解孩子。請先不要被吞雲吐霧給遮掩，菸後的孩子需要我們去了解。

訣竅218

菸與壞之間

面對青春期孩子抽菸，有時讓父母直覺地聯想是「你變壞了！」但這距離的跳躍是太快了些。當我們太快地認定，孩子變壞了，說真的，在不了解詳情的情況下，在不懂得孩子為何抽菸的前提下，孩子乾脆把溝通的門關上。

如同孩子沒說，不表示沒事。同樣地，沒看見，也不表示孩子沒抽。只是不想讓你知道而已，除了你可能的拒絕，當然也包括你的不了解。

訣竅219

菸在手上的意義

一根菸在手上，口中散發尼古丁，眼前青春期的孩子是想要告訴我們什麼？每個孩子遇見菸，所連結的意義都不盡相同。無論是展現自我成熟的形象、維繫人際關係的媒介、壓力因應與調適的管道、對於約束的界線試探、滿足對於成人生活的好奇等。想要讓孩子遠離菸害，需要我們先走進這菸的意義。

訣竅230

關心不適

「大智，你這陣子抽菸有沒有覺得身體哪邊不舒服？」試著主動關切孩子抽菸可能出現的不適，讓他感受到你的關心。

「像有些人抽菸後，會覺得胸悶、呼吸不順暢、容易喘、皮膚乾燥、掉頭髮、腸胃不適等，你呢？」試著先從這些細微、關於孩子切身的反應關心起，這會讓孩子有機會自我覺察抽菸對於自己生理所產生的副作用。覺察有了，連結有了，改變的契機就有了。

訣竅231

身教，離菸遠一點

有時，孩子會告訴你，「我已經取得菸牌！」如果當大人都同意他抽菸，那麼菸大概就與這孩子簽了終身契約，形影不離了。

另一種常見的是，你不允許孩子未成年抽菸，但你卻還是菸不離手。無論你老是那一句，「你未成年，不准抽，等你長大再說。」二手菸在孩子面前，是完全無說服力的。身教，是讓孩子和菸說bye bye的最關鍵利器。

訣竅232

菸，紓壓？

青春期孩子的壓力無所不在，無論是課業、人際、感情、與家人相處、對未來徬徨迷惘等。面對孩子抽菸的錯愕，或許應該先啟動我們對於孩子壓力的了解。

如同電影裡的主角面對焦慮與壓力時，總是菸不離手，甚至於滿地菸頭。這影像的魔力，對於尋求自我認同，急需發展問題解決能力的青春期孩子來說，往往成為仿效的對象。

壓力因應與調適，是需要我們平時與孩子共同分享、引導、示範，甚至於共同參與紓壓。無論游泳、路跑、騎車、鬥牛、聆聽音樂、電影欣賞、甜點午茶或找人聊天等。行動，讓菸被取代。

困擾四十一

三字經不離口

「哇勒哭爸！獅你娘卡好，竟然把我的香雞排啃到只剩下這一小塊，你死死ㄟ卡快活啦！幹！等一下去給我補一塊回來，別忘了我要貴族派的。」阿將拿起啃剩下的雞排紙袋用力一揮，朝冬瓜的後腦勺給巴下去。

「好啦！好啦！先給你試吃看看雞排嫩不嫩，還被你巴成這樣。」

「你是沒大腦是不是？哇靠！給我偷吃還在那邊五四三，哇勒趕羚羊。」

「幹！再去給我買一杯清玉的翡翠檸檬啦！記得我要黃金比例的。」

「錢拿來啊！」冬瓜伸出手，雙眼注視阿成。

「哇勒，還錢哩！請個客是會怎樣？靠夭。」這時只見阿成與冬瓜兩個人穿著制服在路邊騎樓下，旁若無人地邊吃雞排邊嬉笑怒罵，粗話不時此起彼落，不顧一旁路過行人的側目、搖頭，或指指點點。

當然這些粗話，也常在家裡出現。媽媽不僅一次地提醒阿成，「你這些粗話，就不要讓你老爸聽到，不然倒楣的人可會是你。」但阿成仍不以為意，「啊！不然是要怎樣啦！阿爸自己還不是常常邊看戴立綱的《新聞龍捲風》邊幹譙，『我他媽的政客，幹！台灣的經濟都是被這群人敗光，雪特。』不也是一樣，還在說我哩，一點說服力都沒有。」

「你們都是假道德啦！不說、不說，我告訴你在我們學校不管是在走廊、在操場、在教室，特別是男生廁所裡，我的阿母啊，到處都是三字經啦！只差沒有比誰說的大小聲啦！不說、不說，只是假裝沒有聽見，我就不相信哪個國中生不會說。」阿成理直氣壯地反駁著。

「嗯，啊別人壞，你也要跟著壞？」

「我的阿母啊！重點是大家都在壞，更何況說了又會怎樣？少塊肉嗎？」

「可是你國小的時候不是都很乖，不會跟人家亂學一通？」

「那只是沒讓你聽見而已，拜託我可是會長大的。」

「難道長大就一定要說粗話？罵三字經？」

「啊！不然勒？好啦！不跟你這老太婆一般見識啦！囉哩叭嗦的。」阿成話一說完，隨手拿起遙控器，眼睛直盯著螢幕。

「難道，真的如阿成所說，在國中，這些粗話、三字經真的是自然而然的普通話？難道，青春期一定要走過這一段粗話之路？這也算一種成長的叛逆嗎？」阿成媽苦惱著不知該如何是好。

青春期，親子相處訣竅

訣竅233 大人先禁口

訣竅234 青少年用語，我該懂？

訣竅235 粗話背後的情緒涵義

訣竅236 關注我，不要只關注我的粗話

訣竅233

大人先禁口

可以確定一件事，粗話、三字經一定是學習仿效而來，因此，當我們不想要聽見孩子脫口說出這些令人不舒服的話，最基本的做法就是我們也不說。當你脫口說了，不管什麼理由，你完全沒有說服力要求孩子不說。

請記得，面對青春期的孩子，你的身教往往決定著你的說服力有多少。你不說，孩子不見得就不說。但你一說，孩子要說就很天經地義了。

訣竅234

青少年用語，我該懂？

在青少年之間，往往你會發現彼此流竄著讓自己似懂非懂的用語。要了解眼前的孩子，多少我們就得多具備一些對這些用語的了解。你不見得需要跟著流行、跟著說，但是多少要能夠聽得懂。

例如青少年常以香蕉芭樂代表鬼扯、小籠包代表裝可愛、蘋果麵包代表衛生棉、哈姆雷特代表太高深了，聽不懂、番茄炒蛋代表他媽的混蛋等五花八門。

有些話，說的人樂在其中。聽的人，百思不解。或許因為對方沒聽懂，直接感覺受到傷害的程度或許小了些。但如果這些話，是在青少年之間廣為使用的話語，這時無形中也加諸了當事人被嘲諷、被排擠的作用。

建議你，啟動你的搜尋能力，上網Google輸入關鍵字「青少年用語」，開始累積你的詞彙資料庫。下一回，你就不要擔心被孩子呼攏。同時，更加了解青春期孩子所要表達的訊息。

訣竅235

粗話背後的情緒涵義

有時，一句話出來，不能只解讀字面上的用語。往往說的人的語調、音量、語氣、臉部表情、眼神、身體姿勢或呈現的動作，在在都提供著不同的情緒訊息。如果僅是像阿成與冬瓜在路邊騎樓邊吃雞排邊嬉笑怒罵，這或許還僅止於行為的表象，尚且單純。

但你是否能夠從粗話中，隱約聽見孩子的情緒，無論是生氣、憤怒、傷心、難過、嫉妒、羞愧等。這關係到我們是否能夠同理孩子的感覺，而非僅對於所聽到的粗話、三字經的厭惡。

例如：「阿成，媽媽感覺你有些氣憤，我在想或許是因為你覺得我們大人說一套、做一套，只要求孩子不能說粗話，但是卻自己滿口三字經？」試著幫青春期的孩子反映情緒，簡述他說話的意義。當孩子發現你其實懂他、了解他，至少日後這些粗話、三字經出現在你耳朵旁的機率就會少很多。

訣竅236

關注我，不要只關注我的粗話

粗話、三字經，對於孩子來說往往有一個非常強勁的作用，那就是當身旁的人忽略到我時，那麼隨時脫口一句，馬上能夠吸引住大人的目光，進而產生彼此的互動。縱使這些互動本身充滿著衝突，批評、指摘、糾正、責罵，但對於孩子來說，這些至少都是一種關注。

如果你發現，青春期孩子脫口的原由是為了這些，建議你試著幫他把心中的想法反映出來。「阿成，媽媽在想或許平時我和爸爸都忙於工作、家務，很少關心到你。所以我猜你這一陣子總是東一句粗話、西一句髒話的，多少也是故意要喚起我們應該對你的注意。這一點，媽媽跟你說聲抱歉。」

粗話、三字經真的令人感覺不舒服。但是，與其拘泥在這些字眼上，或許重新讓我們思考孩子如何以他認為有用的方式，來作為彼此溝通、表達內在想法或感受的管道。粗話所要表達的是什麼呢？或許孩子會告訴你，「我真的沒有想辱罵你的意思。」

困擾四十二
當孩子涉足不正當場所

「哇塞！你去夜店，你爸媽竟然都不會反對？羨慕ㄟ。」

「哇靠！羨慕個屁啦！你真的笨得可以耶，你認為我會那麼乖地向我爸媽報備嗎？」牛大用手揮了一下阿善的後腦勺。

「唉呦，很痛耶！幹嘛巴我的頭？」阿善摸摸自己的頭。

「難怪，原來是偷偷去。我還在想你爸媽怎麼這麼潮，思想這麼開放，讓你為所欲為。我連去網咖都還被限制耶！」

「限制？哇塞！連那麼淳樸的網咖都限制，你家是極權國家喲，管控這麼嚴，你就這麼聽話？難怪，看起來少不經事，幼齒一個。」

牛大神氣地回著，「我告訴你，不要說夜店、網咖，連有些地方……」這時牛大故意賣弄玄虛，把話停了下來，刻意吊一吊阿善的胃口。

「哪些地方？哪些地方？快說啊！我的牛老大。」這時只見阿善瞪大眼睛、引頸企盼著，一副期待牛大說出驚人的話語，滿足一下自己的好奇心。

在高二這一班，阿善非常羨慕牛大的課後生活。不像自己，放學後，只能直奔補習班，再來就是上完後直接回家，一刻都不能逗留。有回，只是補習班故意晚一點到，偷溜至附近的網咖。回家後，被發現就被阿善爸劈哩啪啦數落了整個晚上，當然隨後就被控管得更嚴。就像自己身上裝了行車記錄器一樣，隨時得被驗收自己的行車動態。

但對阿善來說，牛大的高中生活可真精采，總是明的暗的去了許多不能說的地方。自己多嚮往能像牛大一樣，趁著青春的年紀多一些冒險的體驗，當然他還一直在等著牛大把話說完。

「我的牛老大，快說快說啦！到底你還去過什麼見不得人的地方啦！」這時，又見牛大一手往阿善的頭巴下去，只是這次是直接從上往下，像打地鼠一般用力。「什麼見不得人？我告訴你，那些地方可都是讓你轉大人的地方，懂嗎？」

說真的，阿善不太確定牛大是否在吹牛，但聽得出來，他似乎很了解許多青少年的禁地，這也是讓他心癢癢的地方，心想「人不輕狂枉少年」，但心裡又矛盾地想著，「但少年要輕狂是否都要到那些不該去的地方？」雖然牛大最後還是沒有透露他去了哪裡，但已經在阿善的心裡激起了一陣心嚮往之的漣漪。

青春期，親子相處訣竅

訣竅237 禁地的該與不該

訣竅238 孩子，你想要證明什麼？

訣竅239 轉大人，我幫你說

訣竅240 一場關於「大人」的辯論

訣竅241 好奇、探索、冒險、嘗試與約定

訣竅237

禁地的該與不該

首先要來思考的是，對於這些所謂的「禁地」，親子之間如何彼此解讀。或許你看見的是孩子不應該，但孩子望見的是我應該。

為什麼父母認為不應該？因為這些場所的分子複雜，容易招惹是非，形成犯罪的溫床，我想這是為人父母最擔心、最不樂見的。

為什麼孩子認為應該？對於青春期孩子來說，有時太相信自己的判斷與自制力。同時未知的大人世界總是令人目眩迷惑，充滿冒險、刺激的誘惑元素，往往讓孩子心生一窺究竟的動機。當然，也會認為是跨入大人的一道門檻。

訣竅238

孩子，你想要證明什麼？

當青春期孩子涉足不正當場所，往往會讓你感到不可思議，「怎麼會這樣？怎麼會這樣？我的孩子這麼乖，怎麼會這樣？」但如果孩子確實有這樣的經驗，我們又該如何面對？

「孩子，你想要證明什麼？」有時，單刀直入對於部分青少年來說，也是一種乾淨俐落、不拖泥帶水的阿莎力做法。或許孩子僅敷衍地回你一句「好玩」、「不知道」，但你的這一句話，多少也有「叮咚」的作用，讓孩子有機會打開心門，檢視自己行為背後可能存在的想法。

訣竅239

轉大人，我幫你說

如果你發現眼前的孩子，對於涉足不正當場所的行為保持緘默，然而你卻感受到這越界行為對他而言，似乎是為了證明自己也可以做得到。這時，試著說：「阿牛，媽媽在想，或許你會認為自己去了一些青少年禁止進入的場所，會讓你有一種我就像大人一樣的滿足感。」

訣竅240

一場關於「大人」的辯論

「大人」代表什麼意思？你可以試著與青春期的孩子來一場對話。試著聽聽看孩子怎麼解釋「大人」這兩個字。有時，孩子認為大人就是自己可以決定想幹嘛就幹嘛，如果不要觸犯法律的話，至少有行動上的自由。當然，或許也有孩子認為大人就是可以有時間的自由、金錢的自由、想法的自由等，請傾聽你的孩子所謂的大人是什麼意思，多少可以找出他做這些行為的目的。

至於你對於「大人」的期許呢？或許你想表達的是學習如何讓身旁的人放心、對自己的行為負責，因為你會做該做的事。親子之間需要一些對話的激盪，讓彼此相互了解，而不是一句「叛逆」含糊帶過。

訣竅241

好奇、探索、冒險、嘗試與約定

好奇可以有許多的方向，探索可以有許多的層面，冒險也可以很多元，嘗試當然也樂於看見，在孩子成長的這段路途上。只是你需要讓孩子知道好奇、探索、冒險與嘗試是一種選擇，特別是在一個社會規範內的合理選擇。

或許孩子對於夜店、賭博性電玩、聲色場所充滿好奇。但好奇，並不表示都應該進而逾越地嘗試。當你在生活中，發現孩子似乎對於這些場所有所注意，或許你可以主動且持平地讓孩子知道葫蘆裡賣的是什麼藥。

雖然現在的孩子求知的管道很多，無論是上網輕鬆Google一下，或轉個身詢問身旁的同儕，多少都能夠得到答案。但是，你的主動分享就是一種友善，就是一種維繫親子關係的契機。

試著和青春期的孩子攤開陽光下的親子約定，彼此承諾如何不再涉足這些場所。讓孩子感覺到你對他逐漸成熟，能對自己負責的信任，同時，你也要思考孩子不去這裡，那他可以去哪裡。

困擾四十三
當孩子與人同居

「小芮，回家啦！一個女孩子住在別人家裡總是說不過去，讓親戚朋友或街坊鄰居知道，你可以想像這會讓做爸媽的多沒面子。」

「你們只想到有沒有面子？你們根本不知道我心裡在想什麼，更何況住在那裡好得很，他父母對我就像對待女兒一樣，哪像你們一點都不當一回事。」街角的Starbucks，小芮母女倆正在玻璃窗旁的座位上爭執著，時而吸引著旁人的注視，但小芮一點都不以為意。

「小芮，我們並沒有反對你交男朋友，問題是，談戀愛歸談戀愛，交往歸交往，但沒有人說一定要談到、住到對方家裡。你要住、要一起生活，以後機會多的是，幹嘛急在這一時，而且你現在才十七歲。」小芮媽手上握著的咖啡，隨著媽媽激動的情緒時而溢出，但她似乎沒有注意到，眼神仍然直視著小芮，希望能夠說服她回家。

「十七歲，媽，十七歲已經不小了，我有我自己的選擇與決定。我知道我在做什麼，所以請你和爸不用擔心，我會對自己的行為負責。」

「負責？我的寶貝女兒啊，你現在和男生住在一起，可千萬不要給我亂來耶，不要忘了你是女孩子，同居吃虧的可都是女孩子啊！別再任性了啦！好不好，今天就跟我回家，你爸的氣已經消很多了。我想只要你願意回家，他一定可以原諒你的。」

「原諒？我為什麼需要被原諒？我不認為我有做錯什麼事情。媽，時代在改變，你們的腦筋也要同時update，好不好？拜託，現在高中生在外租房子同住在一起的有多少，更何況我還是住在他家耶，我和他妹妹睡同一間房間，你們在擔心什麼？無聊。」

說完，小芮邊搖頭邊啜飲著手上的Espresso。

小芮媽一直無法想像為什麼孩子今天會變成這副模樣。在自己的觀念中，未婚同居幾乎是過去不敢觸及的禁忌，但難堪的是，今天卻要面對眼前的女兒正步入這不思議的禁忌。雖然孩子一直強調這在她班上是見怪不怪的事。但畢竟別人家女兒的事她不管，只是換成自己家的小芮，這回就讓媽媽有好長一段時間夜夜失眠、苦惱，有時甚至於和小芮爸在管教的態度上起了爭執。

小芮媽還是想方設法看看有沒有辦法說服孩子回心轉意，但現在的局面似乎讓自己覺得勝算不大。「到底我們該如何做，孩子才願意回來住呢？」「小芮和男朋友同住在一個屋簷下，到底是要告訴我們做父母的什麼事呢？」「難道這也是一種叛逆？」小芮媽再次陷入長長的思考裡。

青春期，親子相處訣竅

訣竅242 同居與戀愛之間
訣竅243 消失的神祕感？
訣竅244 家的認定
訣竅245 請來我家
訣竅246 同居之腦力激盪

訣竅242

同居與戀愛之間

面對孩子（特別是女兒）與人同居，對於父母來說的確是一件難以接受的事實。但當你愈急著想把眼前的青春期孩子拉回時，太強勁的力道，反而物極必反，愈把孩子推到同居的景況。

這時，你是真的需要先沉澱下來。試著以孩子的需求作為彼此溝通的窗口，特別是同居的背後所存在的戀愛這回事。

同居有沒有好壞？說真的，當孩子決定搬去對方家中同住時，答案或許已經昭然若揭。你認為壞，但是孩子或許覺得也沒有那麼不好。也就是說，與其親子爭論誰對誰錯，未婚同居該不該，或許可以陪伴孩子來看待同居與戀愛之間如何激盪出不同的化學變化。

訣竅243

消失的神祕感？

「小芮，你覺得男女之間的戀愛情愫最吸引你的會是什麼？喔！請記得，媽媽說的是男女之間的戀愛，不是指夫妻關係喲。」拋出戀愛議題，先不要預設立場，青春期的孩子是會有相當興趣的。

「是住在一起，彼此關係透澈，沒有想像空間？還是維持一個適當的距離，像漫步在倫敦的霧裡，浪漫又有朦朧美？」關於戀愛的感受，沒有標準答案。但試著輕敲一下孩子的同居之門，讓她打開，仔細瞧瞧當中心所想的戀愛到底為何。同居，是否讓彼此的神祕感消失？讓孩子仔細想一想。

訣竅244

家的認定

家，對於每一個孩子的感受不盡相同。多數人選擇留，少數人選擇離開，在青春的那年代。試著想一想，這些年，孩子離家與人同居，到底在傳達什麼訊息？特別是關於家這件事。

例如對於小芮來說，是什麼樣的力量，把她推出這個家？又是什麼樣的吸引，把她拉進另一個家？我們是否曾經靜下心來傾聽，青春期孩子如何看待自己的家，以及這屋簷下的家人。

我的家，有吸引孩子留下來的誘因嗎？想想，這是多麼地情何以堪。但是，當現實遇到了，還是很殘酷地得要認真想想。

訣竅245

請來我家

如果家中的孩子在外同居不願意回來，那麼是否有另一種翻轉的方式——我是否敢要求對方到家裡來同住？「天啊！怎麼可能，這樣不就默認了同居是被允許的事？」請先稍安勿躁，如此決定倒不是就認同未婚同居這件事，而是透過角色互換的方式，讓家中青春期的孩子（特別是住到男生家的女兒）有機會思索兩人之間的關係認定。因為，男生倒不一定敢真正住下來。

「為什麼你可以住進他家，但他卻無法住進我們家？」你並非在挑撥孩子的男女關係，而是發展如果真的是如此，多少也給孩子有機會去檢視自己的戀愛與同居關係。

訣竅246

同居之腦力激盪

「我為什麼會住進來？」「我住到對方家，是為了證明什麼？」「獨立？長大？

自己選擇做決定？」「同居試婚？喔！No！我還年輕得很！」「省錢？也不盡然，因為住在自己的家也不會花什麼錢。」「性？那也不需要，因為沒有同居也會有性關係。」「叛逆？那到底是在叛什麼逆？」如果孩子可以被催化如此的自我思考，或許就多了一些轉圜的契機，關於回家這件事。

困擾四十四
當孩子發生性關係

「小妍，這到底是怎麼一回事？為什麼你的書包裡，有這些東西？你到底在外面做什麼？」媽媽滿臉疑惑地注視著小妍，手上則拿著一包包FUJIJELLY水溶性潤滑液隨身包。

「你說呢？明明知道還故意問，無聊。」小妍若無其事的態度，讓媽媽感到更為驚訝。小妍媽嚥了嚥口水，有些難以啟齒地問著，「你該不會在外面已經跟男生……」「吼，拜託，我現在都幾歲了，十七歲了耶。我總該可以決定自己想幹什麼吧？不會連這件事你也要管？」

媽媽深呼吸了一下，試著讓自己看起來更顯得鎮定一些，雖然她的心裡已經充滿著錯愕。但小妍媽知道她得要好好地來與孩子溝通，「嗯，這件事非同小可，如果沒有好好處理，後果不堪設想。」媽媽可以感受到自己把手中那一包包潤滑液隨身包抓握得更緊，她重新調整著姿勢，試著讓自己待會兒要說的話，讓小妍能夠聽進去。

「媽，你愣在那邊幹嘛，東西可以還我了嗎？」媽媽突然被小妍的話給震醒了。

「唉呦，別大驚小怪啦，現在都什麼時代了，兩性關係已經很開放了啦！別緊張，我都有要求對方要戴保險套，這一點你可以放心。」

但是，對媽媽來說，當聽到小妍如此地心平氣和，娓娓道來時，卻更讓小妍媽心裡更招架不住。因為，眼前的孩子，怎麼和她心目中的印象差那麼多。

「小妍不應該是這樣的，她那麼地乖，到底是誰帶壞她的？」媽媽十分不解地問著自己。

「我該不該將這些東西還給她？」媽媽頓時感到不知所措。

「吼，你是要用是不是？還是你不會用，要讓我來教你怎麼用？快點還我啦！」

小妍不以為然地伸出手，等著羞紅著臉的媽媽將手中的潤滑液隨身包還給她。

「你別鬧了，好不好？我已經長大了，我總該對自己的身體有自主性吧？和男生發生關係有什麼大不了的，我剛剛不是有告訴你嗎？我都有防護，哪那麼笨，不懂得保護自己。」

媽媽知道，在這個家裡很少和孩子討論到與性有關的話題。因為在成長過程中，自己原生家庭的父母在那個年代也不會談論，當然自己也就不太懂得該如何與自己的女兒談。只是，這回突如其來在書包裡撞見，也撞出了自己與孩子對於性與身體自主的話題。

青春期，親子相處訣竅

訣竅247 性與變壞之間
訣竅248 驚覺，所要告訴你的事
訣竅249 親子如何看待「性」？
訣竅250 性與法律

訣竅 247

性與變壞之間

面對青春期孩子的性行為，父母在看待的過程中，請勿直接就將「性」等同於「壞」。雖然，對於許多父母來說，突然驚覺孩子與他人發生性關係，除了擔心孩子（特別是女生）被侵犯、傷害之外，最常見的擔心就是孩子是否已經開始變壞。

只是在這裡，我們需要思考的是，你所謂的變壞指的是什麼？你是否能夠清楚地條列具體的原因？同樣地，如果今天角色互換，你的孩子是男生，同樣地在十七歲也與女生發生性關係，那麼你是否也會認為我家的兒子也變壞了？這很值得你思考。

還是你擔心的變壞，是因為「性」這件事，發生在孩子之間，是令你始料未及的。甚至於是踩到你的道德紅線。

訣竅 248

驚覺，所要告訴你的事

前面提到「驚覺」兩個字，多少也在告訴著我們，孩子對於性這件事，是不會對你啟齒；或者說，你可能也像文中小妍媽一樣，不好意思向孩子啟齒。

當性這件事，在親子之間有著其中的一方不願意溝通面對，這時，你將很難了解對於青春期孩子來說，是如何自行地摸索。當然，你也就很難知道孩子對於性的看法會是持哪一種態度。

訣竅249

親子如何看待「性」？

面對青春期孩子的性，與其簡化為「叛逆」兩個字，倒不如在隱私、信任及尊重的氣氛下，彼此坐下來好好談——你我如何看待性這件事，特別是性行為這件事。

「小妍，媽媽感覺你滿從容、愉悅的，我在想是否與男生發生性關係這件事，讓你覺得對自己的身體能夠有自主性，而這種控制的感覺讓你有種長大的感覺是嗎？」孩子需要你的同理反映。

當然，你也可能拋出疑慮，讓孩子在為你解惑的當下，也同步澄清自己對於性的想法。例如：「小妍，和男生發生性關係這件事，你想要證明的是……對你的意義又是……」「小妍，為什麼你在談性這件事，竟可以比媽媽還坦然？」「對於性關係這件事，你該如何讓媽媽安心、放心？」

當然，如果你自己覺察到，對於性，自己比孩子更趨於保守或封閉，甚至於對現今青少年對於性是持何種態度，自己也是摸不著頭緒，說真的，該向孩子坦承自己的不足仍然有其必要。

訣竅250

性與法律

根據《中華民國刑法》第二二七條（修正日期：民國一百零二年六月十一日）

「對於未滿十四歲之男女為性交者，處三年以上十年以下有期徒刑。

對於未滿十四歲之男女為猥褻之行為者，處六月以上五年以下有期徒刑。

對於十四歲以上未滿十六歲之男女為性交者，處七年以下有期徒刑。

對於十四歲以上未滿十六歲之男女為猥褻之行為者，處三年以下有期徒刑。

第一項、第三項之未遂犯罰之。」

為什麼在這裡要特別提醒青春期孩子關於法律這件事。雖然在例子中，小妍已經滿十七歲，而自認「我總該可以決定自己想幹什麼吧？不會連這件事你也要管？」但往往在兩情相悅、你情我願、情不自主、寬衣解帶下，一些青少年很容易忽略了以上的年齡限制。在愉悅之中，也逾越了法律的規定，而讓自己或他人不知不覺地觸法。

性，有時讓孩子感到像是在冒險，但孩子有權利知道「法」這件事，而避免讓自己陷入危險。

困擾四十五

當孩子網路成癮

「奇怪，怎麼到了這個年紀，你都還在幫兒子做月子？」小阿姨皺著眉疑惑地問著。

「做月子？」阿群媽比小阿姨更困惑，不知道她在說什麼。

「我是說阿群不都讀到國二了，怎麼連吃飯時間到了，不自己下來，還要你這個做媽的親自把飯菜端上去，這不像是在做月子，啊不然像什麼？」

「他就只顧著上網打怪，不下來吃飯啊！我有什麼辦法？總不能讓他餓著肚子。畢竟這年紀正值青春期，長高趁現在，更何況他成天都窩在電腦前，只有手指動，也不運動，如果又空腹著，那還得了。」

「所以你覺得幫他料理好好的，伺候他像個小皇帝一樣，他就會長大？我是說心理啦！」

「這有什麼辦法，這孩子拗得很，說什麼寧可不吃，也不願意離線。如果你多說他兩句，他就會給你威脅『不然我去網咖好了』，我哪能怎樣？」

「那你有想過月子要幫他做到什麼時候？」

「唉呦，我也是情非得已啊！也不是我愛做，至少這樣阿群人在家裡也看得到，總比出門在外讓他亂亂跑，看不到好吧？你也知道現在外面的網咖亂得很！」

說真的，如果只是負責送坐月子餐，這對媽媽來說還甘之如飴。但令她煩惱的，卻也是孩子從小成天坐在電腦前這件事。視力是一件事，功課也是一件事，自己多少也顧慮孩子會不會有一天到網路成癮的地步。當然阿群不聽話也是一件苦惱的事。

每回媽媽只要和孩子提到使用網路要克制，不要成天都窩在電腦前，這樣對身心都不好。要嘱阿群裝作沒聽見、置之不理，不然就情緒暴衝叫囂，「閃邊，不要在那邊吵啦！」或直接頂嘴「爸爸還不是一樣都在上網！」這些其實都讓自己招架不住，特別是當先生也不當一回事，或做錯誤示範——自己也老是盯著螢幕看時。

阿群媽一直搞不清楚為什麼親子關係會走到這種情況？說國中生叛逆不聽話？但

回想起來，阿群從小就不把自己的話當一回事，更別說那不管事的老爸。只是眼睜睜地看孩子在電腦前消磨自己的年少時光，阿群媽就感到於心不忍，但又莫可奈何。

「做月子？」心想，這還是小事一樁。其實，對於阿群這個孩子，媽媽還有更多的困惑等待被解惑。

青春期，親子相處訣竅

- **訣竅251** 約不出門
- **訣竅252** 是成癮，還是叫不動？
- **訣竅253** 迷戀網路背後的成因
- **訣竅254** 不想的人生，不敢想像的人生
- **訣竅255** 攤開約定
- **訣竅256** 信任，讓離線更從容
- **訣竅257** 說到做到

訣竅251 約不出門

曾幾何時，孩子已經很難約出門。親子關係的自我覺察其實很重要，如此的敏感可能不是到了青春期才來做，而是每天應該修練的功課。約不出門，到底是在暗示我們什麼？是螢幕前的聲光對於孩子太吸睛，還是對於與我們出去成為無趣的一件事。

出門，多一些親子共處的時間。出門，讓孩子有機會離線。出門，你至少要先有動機與意願。出門，該是讓我們想想家裡的孩子興趣之所在。投其所好，吸引孩子出門，找到網路之外的其他生活方式。

訣竅252 是成癮，還是叫不動？

面對孩子總是迷戀在電腦前這件事，你或許很苦惱孩子是否陷入網路成癮。但在擔慮這件事之前，可以先想一想，孩子聽我的話嗎？我的話，孩子買帳嗎？如果你發現，另一半要求孩子離線可以，但輪到自己卻不行。

這時與其煩惱孩子是否成癮，或許該重新檢視的是，為什麼我的話起不了作用？甚至於不只在網路這件事。請自我留意嘮叨、碎念、妥協使用過量，有礙親子的健康關係。

訣竅253

迷戀網路背後的成因

當孩子總是在網路上流連徘徊，與其只思考線上遊戲的著迷之外，或許也可以想想是否孩子的人際社群關係在上面，成就感、歸屬感、被認同感是否在虛擬世界裡也比較容易被滿足，當然也包括是否孩子的自我控制力較薄弱。

找出這些可能存在的因素，或許網路也幫我們開了一扇認識眼前青春期孩子的窗。請找出他需要被協助的真正需求。

訣竅254

不想的人生，不敢想像的人生

有些青春期的孩子並不是那麼習慣地去思考自己的所為。當長期處在遊戲功力、裝備儲值、手感不斷地提升，但不想的人生，很容易演變成不敢想像的人生。

「離線後，我人在哪裡？」「這樣的螢幕生活要到什麼時候？」「難道我的人生都盡在滑鼠、鍵盤、搖桿之間？」拋出一些議題，讓孩子思考。

或許你可能先入為主的認為，「拜託，這些青少年怎麼可能主動去想這些事？玩電腦都沒時間了。」

但我仍然要說，或許孩子為了維持面子，不在你面前回應，但不表示，夜深人靜或獨自一人時，不會偶爾想。有拋，就有開啟孩子思考、認識自己的契機。

訣竅255

攤開約定

攤開約定，試著和孩子具體的協商，把遊戲規則攤開說清楚。先聽聽孩子的想法，「阿群，你自己認為在網路使用上，你想怎麼做？」使用網路並非全有全無，也無法採取完全迴避的方式。

讓孩子主動提及使用的時間、內容，並說服你接受。

訣竅256

信任，讓離線更從容

給青春期孩子一種肯定，「阿群，媽媽相信你現在已經是國中生，你應該可以讓人信任，說到做到。」

訣竅257

說到做到

許多父母常面臨一件事，並抱怨：「約定？哪有什麼用？到最後還不是不守信用，時間到了，還不是不離線，不然就給我改玩單機遊戲。」面對孩子的耍賴，有時也在試探著我們的堅持性。當然情緒勒索，往往是讓父母打退堂鼓的關鍵之一。

「說到做到」這句話，不只用在孩子上，而且也包括我們自己如何落實先前的約定，例如違反約定，即刻採取「上網時間管理」措施，隨時設定家中的上網時間。讓孩子知道「不是只要我喜歡，什麼都可以。你叛逆，我不見得要妥協。」

國家圖書館預行編目資料

拆解孩子的青春地雷 / 王意中著. -- 初版.
-- 臺北市 : 寶瓶文化, 2013.12
面 ; 公分. -- (catcher ; 61)
ISBN 978-986-5896-56-0(平裝)

1.親職教育 2.親子關係 3.青少年問題

528.2 102025940

catcher 061
拆解孩子的青春地雷

作者／王意中 心理師

發行人／張寶琴
社長兼總編輯／朱亞君
主編／張純玲・簡伊玲
編輯／賴逸娟・丁慧瑋
美術主編／林慧雯
校對／張純玲・陳佩伶・吳美滿・王意中
企劃副理／蘇靜玲
業務經理／林婉婷
財務主任／歐素琪 業務助理／林裕翔
出版者／寶瓶文化事業有限公司
地址／台北市110信義區基隆路一段180號8樓
電話／(02)27494988 傳真／(02)27495072
郵政劃撥／19446403 寶瓶文化事業有限公司
印刷廠／世和印製企業有限公司
總經銷／大和書報圖書股份有限公司 電話／(02)89902588
地址／台北縣五股工業區五工五路2號 傳真／(02)22997900
E-mail／aquarius@udngroup.com

著作完成日期／二〇一三年十月
初版一刷日期／二〇一三年十二月
初版三刷日期／二〇一三年十二月二十七日
ISBN／978-986-5896-56-0
定價／三二〇元

AQUARIUS 寶瓶 文化事業

愛書人卡

感謝您熱心的為我們填寫，
對您的意見，我們會認真的加以參考，
希望寶瓶文化推出的每一本書，都能得到您的肯定與永遠的支持。

系列：catcher 061　**書名：拆解孩子的青春地雷**

1. 姓名：____________　性別：□男　□女

2. 生日：_____年_____月_____日

3. 教育程度：□大學以上　□大學　□專科　□高中、高職　□高中職以下

4. 職業：____________

5. 聯絡地址：______________________________

聯絡電話：____________　手機：____________

6. E-mail信箱：______________________

□同意　□不同意　免費獲得寶瓶文化叢書訊息

7. 購買日期：_____ 年 _____ 月 _____日

8. 您得知本書的管道：□報紙／雜誌　□電視／電台　□親友介紹　□逛書店　□網路
□傳單／海報　□廣告　□其他

9. 您在哪裡買到本書：□書店，店名__________　□劃撥　□現場活動　□贈書
□網路購書，網站名稱：__________　□其他__________

10. 對本書的建議：（請填代號　1. 滿意　2. 尚可　3. 再改進，請提供意見）
內容：__________________
封面：__________________
編排：__________________
其他：__________________
綜合意見：______________________________

11. 希望我們未來出版哪一類的書籍：______________________

讓文字與書寫的聲音大鳴大放
寶瓶文化事業有限公司

（請沿此虛線剪下）

廣　告　回　函	
北區郵政管理局登記	
證北台字15345號	
免貼郵票	

寶瓶文化事業有限公司　收

110台北市信義區基隆路一段180號8樓
8F,180 KEELUNG RD.,SEC.1,
TAIPEI.(110)TAIWAN R.O.C.

（請沿虛線對折後寄回，或傳真至02-27495072。謝謝）